Mosaik
bei GOLDMANN

Buch

Kreativität bedeutet mehr als ein Bild zu malen oder ein Instrument zu beherrschen – Kreativität spielt bei jeder Entscheidung, die wir im alltäglichen Leben treffen, eine wichtige Rolle. Wer kreativ ist, sprüht vor Energie, Enthusiasmus und neuen Ideen. Tony Buzan bietet viele spannende und unterhaltsame Fakten, Spiele und Übungen, mit denen jeder seine Kreativität fördern und auf allen Gebieten des Lebens nutzen kann. Sein mentales Workout stärkt die verschiedenen Formen des kreativen Denkens, wie etwa die effektive Kombination von rechter und linker Gehirnhälfte oder von Assoziationsfähigkeit, Originalität und Flexibilität sowie des künstlerischen, literarischen und musischen Ausdrucks.

Autor

Tony Buzan ist einer der führenden Köpfe in der Intelligenzforschung und der Erfinder der revolutionären Mind-Maps®. Seine Bücher zum Thema Lernen und Denken sind internationale Bestseller und wurden in 100 Ländern veröffentlicht und in 30 Sprachen übersetzt.

Von Tony Buzan
außerdem bei Mosaik bei Goldmann:

Nichts vergessen (10385)
Kopftraining (10926)
Mehr Köpfchen (16367)

TONY BUZAN

Entdecken Sie Ihre

Kreative Intelligenz

10 Wege zur vollen Entfaltung

Aus dem Englischen
von Franz Janowitz

Mosaik
bei GOLDMANN

Umwelthinweis:
Alle bedruckten Materialien dieses Taschenbuches
sind chlorfrei und umweltschonend.

Deutsche Erstausgabe Juli 2002

Originaltitel: The Power of Creative Intelligence
Originalverlag: Thorsons, an Imprint of HarperCollins Publishers, London
Umschlaggestaltung: Design Team München
Redaktion: Lucy Peterhans
Satz: Barbara Rabus, Sonthofen
Druck: GGP Media, Pößneck
Verlagsnummer: 16452
Kö · Herstellung: Max Widmaier
Printed in Germany
ISBN 3-442-16452-4
www.goldmann-verlag.de

3 5 7 9 10 8 6 4 2

Dieses Buch widme ich mit ganzem Herzen Lesley und Teri Bias, meiner Mama Jean Buzan, Lorraine Gill, Vanda North, Nicky und Strilli Oppenheimer, Dr. Petite Rao, Caroline Shott und Carole Tonkinson – für ihre Kreativität, ihr Engagement und ihre harte Arbeit, ohne die es nicht zu diesem Buch gekommen wäre.

Inhalt

Einführung

Sie haben sich vermutlich schon einmal Gedanken darüber gemacht, wie es um Ihre Kreativität bestellt ist, und sind dabei zu keinem befriedigenden Ergebnis gekommen. Beantworten Sie die folgenden Fragen gewissenhaft. Sie werden überrascht sein, was Sie dabei über Ihre kreative Seite erfahren.

	Ja	Nein
• Träumen Sie mit offenen Augen?	☐	☐
• Interessieren Sie sich für gutes Essen oder kochen Sie gern für Ihre Familie und Ihre Freunde?	☐	☐
• Achten Sie beim Kauf von Kleidung und Accessoires darauf, einen eigenen Stil zu kreieren?	☐	☐
• Mögen Sie viele verschiedene Musikrichtungen?	☐	☐
• Haben Sie freudige Erinnerungen an Höhepunkte in Ihrem Leben – an tolle Erlebnisse mit Freunden, sportliche Erfolge, besonders schöne Urlaube?	☐	☐
• Haben Sie als Kind viele Fragen gestellt?	☐	☐

	Ja	Nein
• Stellen Sie immer noch viele Fragen?	☐	☐
• Fragen Sie sich manchmal, wie die Welt funktioniert und was sie zusammenhält?	☐	☐
• Haben Sie sexuelle Fantasien?	☐	☐
• Bewahren Sie daheim Zeitungen, Zeitschriften und Bücher auf, die Sie schon immer einmal lesen wollten, dafür aber nie die Zeit gefunden haben?	☐	☐
• Gibt es andere Dinge, die Sie tun wollten, zu denen Sie aber nie gekommen sind?	☐	☐
• Sind Sie von besonderen Leistungen auf den Gebieten Musik, Sport, Schauspielerei oder darstellende Kunst ergriffen?	☐	☐
• Würden Sie »Ja« sagen, wenn ich einen Zauberstab hätte und damit auf einen Schlag		
– aus Ihnen einen Tänzer machen würde, der jede Tanzfläche leer fegt?	☐	☐
– Ihnen die Stimme Ihres Lieblingssängers verleihen würde, mit der Sie jedes Lied so singen können, dass Sie selbst zufrieden sind und Ihre Zuhörer in Begeisterung ausbrechen?	☐	☐
– aus Ihnen einen Künstler machen würde, der so gut malt, zeichnet und bildhauert,		

	Ja	Nein
dass ihn selbst Michelangelo als Schüler angenommen hätte?	☐	☐
– aus Ihnen einen großen Geschichten- und Witzerzähler machen würde, der seine Zuhörer in Bann zieht oder so weit bringt, dass sie sich vor Lachen auf dem Boden kringeln?	☐	☐
• Leben Sie?	☐	☐

Wenn Sie mehr als die Hälfte dieser Fragen mit »Ja« beantwortet haben, sind Sie per Definition kreativ.

In welchem Ausmaß Sie kreativ sind, erfahren Sie bei Ihrer Reise durch dieses Buch. Um herauszufinden, in welche Richtung Sie sich bewegen werden, sollten Sie jedoch zwei dieser Fragen, die Ihnen wahrscheinlich etwas seltsam vorkamen, genauer betrachten.

Bewahren Sie daheim Zeitungen, Zeitschriften und Bücher auf, die Sie schon immer einmal lesen wollten, dafür aber nie die Zeit gefunden haben?

Mehr als 95 Prozent beantworten diese Frage mit »Ja« und glauben, das bedeutet, dass sie sich nur ziemlich gut um etwas drücken können. Das stimmt einerseits – andererseits sind sie aber äußerst kreativ. Denken Sie einmal genauer darüber nach. Jeden Tag, über Wochen, Monate oder sogar Jahre hinweg, haben ihre Gehirne die fantastischsten Ausreden erfunden, weshalb sie nicht zum Lesen kommen. Dabei ist es irrelevant, dass ihre Kreativität darauf gerichtet ist, etwas nicht zu tun. Man sagt: »Not macht erfinderisch.« Und das hat seinen guten Grund. Schließlich dienen Erfindungen dazu, das Leben zu erleichtern.

Leben Sie?
Die Antwort scheint offensichtlich zu sein. Hinter dieser Frage verbirgt sich jedoch eine grundlegende Erkenntnis. Wenn Ihr erstaunliches Gehirn nicht jeden Tag Tausende Gedanken, Handlungsanweisungen und Problemlösungen hervorbringen würde, wären Sie bald nicht mehr unter den Lebenden. Allein schon die Tatsache, dass Sie am Leben sind, beweist Ihre ungeheure Kreativität.

Wenn Sie Ihre kreative Intelligenz freisetzen und steigern möchten, müssen Sie nur verstehen, wie sie funktioniert und weiterentwickelt werden kann.

Was ist kreative Intelligenz?

Ihre kreative Intelligenz besteht in der Fähigkeit, auf neue Ideen zu kommen, Probleme auf Ihre ganz eigene Weise zu lösen und mit Ihrer Fantasie, Ihrem Verhalten und Ihrer Produktivität die große Masse zu überflügeln.

Zur kreativen Intelligenz gehören einige Faktoren, von denen jeder Einzelne erlernbar oder entwicklungsfähig ist. Zu diesen Faktoren gehören:

- *Linke und rechte Gehirnhälfte.* Die Fähigkeit, beide Gehirnhälften gleichzeitig zu nutzen.
- *Notizen/Mind-Maps®.* Die Fähigkeit, Gedanken sichtbar zu machen, indem man sie zu Papier bringt. Dadurch lassen sich Gedankengänge leichter verfolgen.
- *Agilität.* Die Geschwindigkeit, mit der neue Ideen aus dem Ärmel geschüttelt werden. Agilität ist das Maß der kreativen Produktivität.
- *Flexibilität.* Die Fähigkeit, die unterschiedlichsten Ideen hervorzubringen und sich eines reichhaltigen Repertoires an Strategien zu bedienen. Flexibilität bedeutet auch, den Standpunkt zu ändern, sich in andere Menschen hineinzuversetzen und bestehende Konzepte in Frage zu stellen. Nicht zuletzt geht es darum, sämtliche Sinne zu nutzen.
- *Originalität.* Kreative Intelligenz und kreatives Denken beruhen auf Originalität. Das ist die Fähigkeit, eigenständig Ideen hervorzubringen, die ungewöhnlich, einzigartig und »exzentrisch«, also nicht mittelmäßig sind.
- *Beweglichkeit.* Der kreative Denker schwingt sich von einem Gedanken zum nächsten empor und errichtet dadurch ein Gedankengebäude, das scheinbar Unverrückbares in neuem Licht erstrahlen lässt.
- *Assoziation.* Der kreative Denker macht sich zunutze, dass das menschliche Gehirn eine gigantische Assoziationsmaschine ist. Mit dem intuitiven Wissen, wie diese Assoziationsmaschine arbeitet, ebnet er den Weg für die Freisetzung seiner Kreativität.

Dieses Buch nimmt Sie mit auf eine große Bildungsreise der Kreativität, auf der Sie erfahren, wie Sie Ihr kreatives Denken erweitern und intensivieren. Die folgenden Kapitel enthalten kleine Geschichten über Menschen, die bestimmte kreative Eigenschaften repräsentieren, sowie Kreativitätsübungen, mit denen Sie Ihr Ziel direkt ansteuern können. Diese Übungen dienen zum Trainieren spezieller Bereiche der kreativen Intelligenz, haben aber (da unsere Assoziationsmaschine ständig Grenzen überschreitet und neue Verbindungen herstellt) die angenehme Nebenwirkung, *sämtliche* »geistige Muskeln« zu stärken.

Die einzelnen Kapitel behandeln folgende Themen:

1 **Die erstaunlichen Möglichkeiten Ihrer linken und rechten Gehirnhälfte**

In diesem Kapitel ist zusammengefasst, was die Erforschung dieses faszinierenden Aspekts der Kreativität ans Licht gebracht hat und wie Sie aus diesen Forschungsergebnissen Nutzen ziehen können.

2 **Kreativität ohne Grenzen – die Mind-Maps®**

Dieses Kapitel macht Sie mit dem ultimativen Denkwerkzeug, der Mind-Map®, bekannt. Hier lernen Sie den Umgang mit einem Instrument, das schon einmal »Schweizer Armeemesser des Geistes« genannt wurde.

3 **Sie sind ein Künstler**

Wer sagt, dass Sie nicht zeichnen können? Natürlich können Sie zeichnen.

Hier soll geklärt werden, warum mehr als 99 Prozent der Menschen glauben, sie könnten nicht zeichnen, und damit falsch liegen. Dann lernen Sie die großen Lehrmeister Michelangelo und Leonardo da Vinci kennen. Beide haben sich verblüffend einfache und wirkungsvolle Methoden zur Steigerung der Kreativität ausgedacht, die Ihnen helfen werden, Ihre künstlerische Ader zu entdecken. Außerdem erfahren Sie, dass Sie, ohne es zu wissen, bereits Millionen Meisterwerke geschaffen haben.

4 Sie sind ein Musiker

Wie bei der bildenden Kunst trauen sich die meisten Menschen auf dem Gebiet der Musik zu wenig zu. Mehr als 95 Prozent sind überzeugt, nicht in der Lage zu sein, ein Lied von Anfang bis Ende fehlerlos zu singen. Das kann aber nicht stimmen, denn niemand wird im Ernst behaupten, dass die vielen Menschen, die in Konzerte strömen, kein Ohr für Musik haben.

In diesem Kapitel wird erklärt, warum es Ihnen nicht gelungen ist, den Musiker in Ihnen zu entdecken, und wie Sie von unseren gefiederten Freunden und Gesangsartisten, den Vögeln, einige äußerst ermutigende Tricks lernen können.

5 Kreative Produktivität – das Potenzial von Masse und Geschwindigkeit

Die kreative Produktivität, die Anzahl an Ideen, die Sie in einer bestimmten Zeit entwickeln, stellt einen wesentlichen Aspekt der kreativen Intelligenz dar. In diesem Kapitel erfahren Sie, wie Sie mit den Methoden der großen Genies Ihre Produktivität gewaltig steigern können.

6 **Flexibilität und Originalität – zwei kreative Kräfte**

Bei den meisten Menschen ist die Kreativität deshalb blockiert, weil ihnen beigebracht wurde, beim Denken nur einen bestimmten Weg zu beschreiten. Das wird zu einer Falle, aus der sie sich nur unter größten Schwierigkeiten befreien können. In diesem Kapitel lernen Sie, wie man sich die Techniken der großen Denker zu Eigen macht, um neue Perspektiven zu gewinnen und die Welt mit anderen Augen zu sehen.

Jeder weiß, dass Kreativität mit Originalität einhergeht. Sie werden erkennen, dass Sie bereits einzigartig sind, und Ihnen werden Methoden zur Entwicklung Ihrer Originalität aufgezeigt, die Sie und Ihre Freunde in Erstaunen versetzen werden.

7 **Ihr Gehirn – die ultimative »Assoziationsmaschine«**

Kreative Intelligenz beruht auf der Fähigkeit, zwischen verschiedenen Ideen und Sachverhalten Verbindungen herzustellen. Meist gelingen uns jedoch viel weniger Verbindungen als möglich sind. Das spannende Assoziationsspiel in diesem Kapitel zeigt Ihnen, auf welche Weise Ihr Gehirn assoziiert. Das versetzt Sie in die Lage, ganz gezielt Gedanken zu verknüpfen.

8 **Shakespeare und Sie – beide sind Poeten**

Viele Menschen betrachten Poesie, wie auch Malerei und

Musik, als eine Kunst, die nur wenige Begnadete beherrschen. Auch das ist ein Irrglaube.

In diesem Kapitel entdecken Sie, dass in Ihnen ein Dichter steckt. Sie erfahren, wie Sie das bisher Gelernte anwenden können, um Ihre eigene Poesie zu schreiben.

9 **Werden Sie wieder Kind**

Warum lernen Kinder am besten und am schnellsten? Warum hält man Kinder für kreativer als Erwachsene? Warum versuchen viele große Künstler (wie Picasso), zur kindlichen Kreativität zurückzukehren?

Das Kapitel gibt Antworten auf diese Fragen und zeigt auf, wie Sie zur natürlichen Kreativität eines Kindes zurückfinden.

Ein ständiger Begleiter auf der Reise zu Ihrer Kreativität wird Leonardo da Vinci sein, der für das kreativste Genie des letzten Jahrtausends gehalten wird.

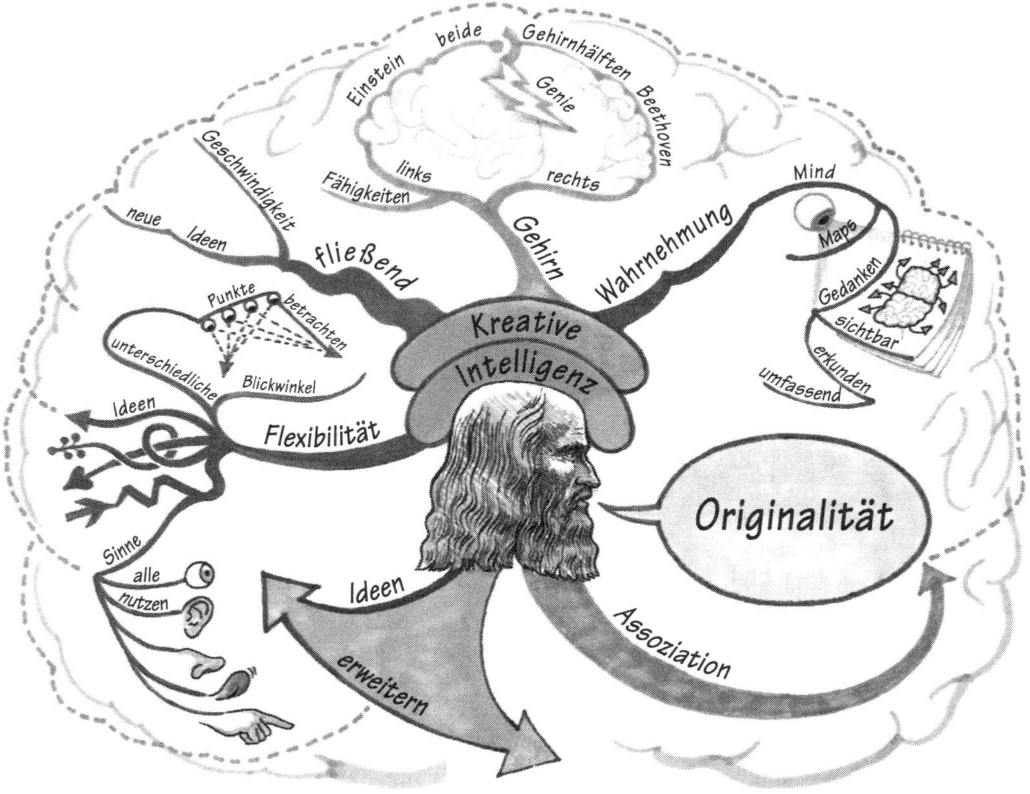
Kreative
Intelligenz
Gehirn
links
rechts
Fähigkeiten
Einstein
beide
Gehirnhälften
Genie
Beethoven
fließend
Geschwindigkeit
neue
Ideen
Wahrnehmung
Mind
Maps
Gedanken
sichtbar
erkunden
umfassend
Flexibilität
unterschiedliche
Punkte
betrachten
Blickwinkel
Ideen
Sinne
alle
nutzen
Ideen
erweitern
Assoziation
Originalität

1 Die erstaunlichen Möglichkeiten Ihrer linken und rechten Gehirnhälfte

Herzlich willkommen zu einer Rundreise durch die Gehirnforschung der letzten fünfzig Jahre. Als erste Station unserer Reise besuchen wir Professor Roger Sperrys Labor in Kalifornien. Die Forschungsarbeit, für die er 1981 den Nobelpreis erhielt, wird Ihnen bewusst machen, welche kreativen Fähigkeiten in Ihnen schlummern und nur darauf warten, freigesetzt zu werden.

In den Fünfziger- und Sechzigerjahren des letzten Jahrhunderts beschäftigte sich Professor Sperry mit Hirnstromwellen. Zur Erforschung unterschiedlicher Denkprozesse und deren Auswirkungen auf die Hirnstromwellen baten Sperry und seine Kollegen ihre Probanden, sich verschiedenen mentalen Herausforderungen zu stellen. Dazu gehörten Kopfrechnen, das Lesen und Rezitieren von Gedichten, Freihandzeichnen, Farbwahrnehmungsexperimente, perspektivisches Zeichnen und die Analyse logischer Probleme.

Sperry hatte vermutet, dass die Form der Hirnstromwellen von der geistigen Tätigkeit abhängt. Dies konnte er durch seine Experimente auch beweisen. Womit er jedoch nicht gerechnet hatte, war die erstaunliche Entdeckung, dass das Ge-

◀ Mind-Map®, die die Schlüsselwörter und Bilder für die in diesem Buch enthaltenen Grundbegriffe zeigt.

hirn seine Aktivitäten auf die linke und rechte Hirnrinde aufteilt. Diese Entdeckung hat unsere Vorstellung vom Potenzial des menschlichen Gehirns und seiner Fähigkeit kreativ zu denken, entscheidend verändert.

Folgende Arbeitsteilung der linken und rechten Gehirnhälfte kristallisierte sich heraus:

Links	**Rechts**
Wörter	Rhythmus
Logik	Räumliche Wahrnehmung
Zahlen	Dimensionen
Reihen	Imagination
Linearität	Träumerei
Analyse	Farbe
Listen	Ganzheitliches Bewusstsein

Sperry entdeckte außerdem, dass sich eine Gehirnhälfte in einem meditativen Ruhezustand befindet, wenn die andere aktiv ist. Darüber hinaus zeigte sich, dass alle Teilnehmer an den Gehirnstromwellenexperimenten die Fähigkeiten beider Gehirnhälften aufwiesen – das war eine echte Überraschung (und ein Hoffnungsstrahl). Jeder Proband besaß also auf physiologischer Ebene ein umfangreiches Repertoire intellektueller und kreativer Fähigkeiten, die er aber, wie sich herausstellte, nur zum Teil nutzte.

Diese Forschungsergebnisse führten dazu, dass sich ab 1970 viele Wissenschaftler mit diesem unangezapften Potenzial beschäftigten. Bei einer dieser Studien ging es darum in Erfahrung zu bringen, was die Probanden von ihren eigenen Fähigkeiten hielten, und ihre Aussagen mit den durch Hirnstrommessungen festgestellten Kapazitäten in Beziehung zu stellen.

Überprüfen Sie sich einmal selbst:

Selbsttest

	Ja	Nein
• Halten Sie sich für außerstande, das Verhältnis der Zinsen zur Höhe Ihrer ausstehenden Hypothek oder den Anteil des Gartens an Ihrem Grundstück schnell und genau zu berechnen?	☐	☐
• Halten Sie sich für außerstande, zufrieden stellende Porträts zu zeichnen, Landschaften perspektivisch zu malen, realistische und abstrakte Skulpturen zu schaffen sowie die Geschichte der Kunst zu verstehen?	☐	☐
• Halten Sie sich für außerstande, Lieder zu komponieren, klassische Komponisten an einigen Noten aus ihren Stücken zu erkennen, beim Tanzen im Takt zu bleiben und Lieder so zu singen, dass jeder Ton stimmt?	☐	☐

Wahrscheinlich sind Sie erleichtert, wenn Sie erfahren, dass 90 Prozent der Befragten der Überzeugung waren, in der Mathematik, der Musik und der bildenden Kunst niemals etwas Nennenswertes zustande zu bringen.

Dabei sollten Sie es aber nicht belassen. Und das werden Sie auch nicht tun, wenn ich Ihnen jetzt mitteile, dass alle Probanden Unrecht hatten.

Eingehendere Untersuchungen ergaben nämlich, dass es nicht am fehlenden Talent lag, wenn jemand auf einem bestimmten Gebiet nichts leistete. Jeder kann zum Beispiel ein Instrument lernen, wenn er einen guten und verständnisvollen Lehrer hat. Man kann das mit Muskeln vergleichen, die aufgrund jahrelanger Nichtbenutzung unterentwickelt sind, aber durch Training wieder kräftiger werden.

Das war jedoch noch nicht alles. Überraschenderweise zeigte sich, dass durch den Aufbau *eines* »geistigen Muskels« auch alle anderen leistungsfähiger wurden. Wer beispielsweise Kunstunterricht erhielt, wurde wortgewandter, besser im Umgang mit Zahlen und insgesamt kreativer. Und Personen, die in Mathematik unterrichtet wurden, entdeckten plötzlich ihre Liebe zur Musik und Poesie.

Hierfür fand man folgende Erklärung. Die linke und rechte Gehirnhälfte kommunizieren miteinander. Die linke Gehirnhälfte sendet ihre Informationen zur rechten Gehirnhälfte, die diese Informationen auf ihre eigene Art und Weise verarbeitet und wieder nach links leitet, und so weiter. Dadurch häuft das Gehirn synergetisch Informationen an und vermehrt somit sein intellektuelles und kreatives Potenzial.

Nach 1980 wurden viele Bücher über diese außergewöhnliche Entdeckung geschrieben, was dazu führte, dass bald auf der ganzen Welt die Vorstellung von der Arbeitsteilung des Gehirns bekannt wurde. Diese bahnbrechenden Erkenntnisse warfen aber schon bald neue Fragen auf:

Frage 1

Wahrscheinlich haben Sie gehört, dass die Aktivitäten der linken Gehirnhälfte den Bereichen Intellekt, Bildung und Geschäftstätigkeit zugeordnet werden, und diejenigen der rechten Gehirnhälfte den Bereichen Kunst, Kreativität und Emotionalität.

Wenn die Forschungsergebnisse stimmen, und wenn durch Benutzung beider Gehirnhälften die Intelligenz und Kreativität zunehmen, dann müssen jedoch solche Zuordnungen in Frage gestellt werden. Diese Etikettierung führte beispielsweise dazu, dass Physiker wie Isaac Newton und Albert Einstein als »linkslastig« und Künstler wie Beethoven und Michelangelo als »rechtslastig« bezeichnet wurden. Das würde bedeuten, dass sie einen Teil ihres Potenzials ungenutzt ließen. Das kann aber nicht stimmen. Wer sich nicht seines ganzen Gehirns bedient, wird kein großes Genie!

Offensichtlich steckte die Gehirnforschung noch in ihren Kinderschuhen – weit davon entfernt, Licht ins Dunkel zu werfen. Daher begann ich zusammen mit einigen Kollegen, Daten zu den großen Genies zu sammeln und diese mit den Theorien über die Gehirnhälften in Beziehung zu setzen.

Dabei haben wir über den »linkslastigen« Einstein Folgendes herausgefunden.

Albert Einstein

Albert Einstein wird als das größte Genie des 20. Jahrhunderts bezeichnet. Er war jedoch ein schlechter Schüler, der lieber vor sich hin träumte als lernte, und wurde schließlich als Störenfried von der Schule verwiesen.

Als Teenager entdeckte er den schöpferischen, fantastischen Aspekt von Physik und Mathematik und stieß gleichzeitig auf die Arbeiten Michelangelos, mit denen er sich eingehend beschäftigte. Diese gegensätzlichen Interessen ermutigten ihn, tiefer in das Reich der Imagination einzudringen, und er entwickelte seine berühmten Gedankenspiele, in denen er sich eine schwierige Frage stellte und dann seiner Fantasie freien Lauf ließ.

In einem seiner bekanntesten Gedankenspiele stellte sich Einstein vor, er wäre auf der Sonnenoberfläche, würde sich an einem Sonnenstrahl festhalten und mit Lichtgeschwindigkeit bis ans Ende des Universums reisen. Am »Ende« dieser Reise musste er zu seinem Erstaunen feststellen, dass er sich ungefähr wieder an seinem Ausgangspunkt befand. Dies verstieß aber gegen die Logik: Wenn man sich auf einer Geraden bewegt, kommt man nicht zum gleichen Ort zurück.

Einstein unternahm daher von einem anderen Punkt der Sonnenoberfläche aus eine weitere imaginäre Reise auf einem Sonnenstrahl. Mit dem gleichen Ergebnis – er gelangte wieder zur Sonne zurück.

Allmählich wurde ihm klar, dass er mit Imagination weiter gekommen war als mit Logik. Wenn man auf einer Geraden

immer wieder an den Ausgangspunkt zurückkehrt, muss der Raum gekrümmt und endlich sein.
Dies ist heute allgemein anerkannt. Einstein kam auf diese bedeutende Erkenntnis nicht allein dadurch, dass er seine linke Gehirnhälfte benutzte. Tatsächlich kombinierte er sein physikalisches und mathematisches Wissen mit seiner Vorstellungskraft, seiner räumlichen Wahrnehmung und seiner Fähigkeit, das Gesamtbild zu erfassen.
Seine Entdeckungen beruhen auf einem perfekten Zusammenspiel zwischen der linken und rechten Gehirnhälfte. Mit Einseitigkeit hätte er unsere Vorstellung von der Welt nicht so grundlegend verändern können.

Auch bei Künstlern gab es einige Überraschungen, beispielsweise bei dem »rechtslastigen« Genie Ludwig van Beethoven.

Ludwig van Beethoven

Beethoven ist bekannt für sein aufbrausendes Temperament, seinen revolutionären Geist, sein Aufbegehren gegen Zensur und Tyrannei und seinen konsequenten Einsatz für künstlerische Freiheit. Er gilt als Musterbeispiel für ein Genie, dem Konventionen nichts bedeuten.
All dies ist richtig und deckt sich mit der herkömmlichen Auffassung vom »rechtslastigen« Genie. Kaum jemand hat jedoch bemerkt, dass Beethoven, wie alle großen Komponisten, auch auf die Fähigkeiten seiner linken Gehirnhälfte angewiesen war.

Wenn Sie ein wenig darüber nachdenken, was das Wesen der Musik ausmacht, kommen Sie sehr schnell darauf, dass sie nach bestimmten Regeln notiert wird, ihrer eigenen Logik folgt und letztendlich auf Zahlen beruht. Musik wurde oft sogar als die reinste Form der Mathematik bezeichnet. Tatsächlich ist das Hobby vieler Mathematiker die Musik und das vieler Musiker die Mathematik. Und heute wird Musik zum größten Teil am Computer, also mit Zahlen, komponiert.
Trotz seines Temperaments arbeitete Beethoven sehr akribisch. Er gehörte zu den Ersten, die die Benutzung des Metronoms empfahlen. Er hielt es für ein Gottesgeschenk, da damit in Zukunft jeder Musiker und Dirigent seine Musik im richtigen Rhythmus, mit der richtigen Betonung und im richtigen Tempo spielen konnte.
Beethoven war wie Einstein weder rechtslastig noch linkslastig. Er benutzte sein ganzes Gehirn – und das auf kreative Weise.

Meine Untersuchungen zu den großen Genies bestätigten, dass *alle* das ganze Spektrum ihrer geistigen Fähigkeiten nutzten, wobei jede einzelne Fähigkeit die anderen ergänzte und förderte.

Dies wirft ein Licht auf die zweite große Frage, die sich die Gehirnforschung mit ihren Annahmen stellen lassen musste.

Frage 2

Diese Frage war noch schwer wiegender als die erste. Die Aktivitäten der linken Gehirnhälfte wurden nämlich als weiblich und diejenigen der rechten Gehirnhälfte als männlich bezeichnet. Das erwies sich als total falsch und außerdem gefährlich.

Im Grunde beruhte diese Etikettierung auf dem jahrhundertealten Glauben, dass

- zu Wissenschaft, Bildung und Geist nur Wörter, Zahlen und Logik gehören, nicht aber Farbe, Rhythmus und Imagination,
- in der Geschäftswelt nur Akkuratesse zählt,
- Männer logische, rationale Individuen sind, ohne Gefühl und Imagination,
- Frauen irrationale Tagträumerinnen sind,
- Gefühl nichts mit assoziativer Logik zu tun hat und
- Kunst und Kreativität keine »ordentlichen« Beschäftigungen sind und keinen Bezug zu Rationalität und Wissenschaft haben.

Das Tragische an diesen falschen Vorstellungen, die leider immer noch weit verbreitet sind und mit denen dieses Buch aufräumen möchte, besteht darin, dass sie den Blick auf den wahren Sachverhalt verstellen. Dadurch entgeht uns vieles von dem, was das Leben lebenswert macht.

Unglücklicherweise herrschen diese falschen Vorstellungen vor allem im Bildungssektor immer noch vor. Da wir annehmen, Erziehung sei die Vermittlung der Fähigkeiten der linken Gehirnhälfte, halten wir Kinder, die lebhaft, fantasievoll, neugierig oder oft selbstversunken sind, für ungezogen, hyperaktiv, begriffsstutzig oder zurückgeblieben. Stattdessen sollten wir sie als potenzielle Genies sehen, die erforschen wollen, was in ihren Kräften steht.

Auch viele Firmen bewegen sich auf dem eingefahrenen Gleis der Bevorzugung der linken Gehirnhälfte. Sie vernachlässigen die Synergie, in diesem Fall die Kombination linkslastiger Geschäftspraktiken mit Flair und Imagination. Eine solche Unterlassung kommt aber weder dem Ruf noch dem Gewinn der Firma zugute.

Bedenken Sie auch das Image des Künstlers in unserer Gesellschaft. Umfragen haben ergeben, dass die meisten Menschen Künstler für unordentlich, chaotisch, vergesslich und geschäftsuntüchtig halten.

Leider versuchen Millionen von Kunststudenten auf der ganzen Welt diesem Bild gerecht zu werden. Was dazu führt, dass sie mit Begriffen, Zahlen, Logik und Systematik nichts anfangen können und nur auf einen genialen Einfall hoffen, der meistens auf sich warten lässt.

»Linkes« und »rechtes« Denken im 21. Jahrhundert

Zu Beginn des »Jahrhunderts des Gehirns« erkennen wir: *Das kreative Gehirn ist das ganze Gehirn.* Außerdem wird uns durch Überwindung des Schubladendenkens bewusst, dass unser kreatives Potenzial größer ist, als wir uns jemals träumen ließen.

Dies wird durch eine einfache Frage und einen Vergleich deutlich.

Wenn wir nur die Hälfte der Fähigkeiten unseres Gehirns nutzen, bei welchem Prozentsatz liegt dann unsere Effizienz?

Die unmittelbar einleuchtende Antwort lautet: bei 50 Prozent. In Wirklichkeit sind es viel weniger, wie das folgende Beispiel klar macht.

Stellen Sie sich vor, Sie nehmen an einem Experiment teil, bei dem festgestellt werden soll, wie gut Sie laufen können. Beim ersten Lauf wird Ihnen gestattet, sich frei zu bewegen, sodass Sie wahrscheinlich ziemlich gut abschneiden.

Beim zweiten Lauf werden Ihre rechte Hand und Ihr rechtes Bein auf Ihrem Rücken zusammengebunden. Ihr Bewegungsapparat ist also zu 50 Prozent blockiert. Mit den anderen 50 Prozent können Sie allerdings wenig anfangen. Sie fallen schlichtweg auf die Nase. Effizienz gleich null.

Das ist so, weil Ihre Körperteile dazu bestimmt sind zusammenzuarbeiten und jeder Einzelne davon die Effizienz der anderen vertausendfacht.

Auf das Gehirn trifft das Gleiche zu. Wenn Sie nur die Fähigkeiten einer Gehirnhälfte nutzen, berauben Sie sich Ihrer Kreativität. Wenn Sie dagegen beide Seiten nutzen, überschreitet Ihre Kreativität alle Grenzen.

Im folgenden Kreativitätstraining und in den übrigen Kapiteln werden Ihnen Methoden vorgestellt, mit denen Sie dieses unendliche kreative Potenzial freisetzen können.

Kreativitätstraining

1. Benutzen Sie sämtliche geistigen Fähigkeiten, um Ihr Leben zu überdenken

Überprüfen Sie, wie viele »Linkshirn-Fähigkeiten« Sie im Alltag nutzen und verbessern. Tun Sie dann das Gleiche in Bezug auf die »Rechtshirn-Fähigkeiten«. Stellen Sie fest, welche Bereiche Sie vernachlässigen, und beginnen Sie sofort, diese zu trainieren und zu vertiefen.

2. Achten Sie auf Bildung und Erziehung

Wenn Sie Kinder haben, sollten Sie auf deren Erziehung, die schulische Bildung und die soziale und häusliche Erziehung, das Prinzip des »Ganzhirn-Denkens« anwenden. Verhelfen Sie Ihren Kindern zu einer ausgewogenen Bildung, damit sie ein kreatives und erfülltes Leben führen können.

Das Gleiche gilt natürlich für Sie selbst. Schließlich lernt man ja sein ganzes Leben lang.

3. Machen Sie Pausen

Erstaunlicherweise erfordert das Ganzhirn-Denken, dass man regelmäßig Pausen macht, wenn man kreativ sein will.

Überlegen Sie sich einmal, wo Sie sich aufhalten, wenn Sie plötzlich einen grandiosen Einfall haben, wenn Sie die Lösung zu einem Problem finden, wenn Ihre Gedanken völlig frei umherschweifen. Die meisten Menschen, die ich gefragt habe, nennen folgende Orte und Gelegenheiten:

- in der Badewanne
- unter der Dusche
- in der freien Natur
- vor dem Einschlafen
- im Schlaf
- beim Aufwachen
- beim Musikhören
- auf einer Zugreise
- beim Joggen
- beim Schwimmen
- am Strand
- beim Männchen malen

Ihr Körper und Geist befinden sich bei diesen Gelegenheiten in entspanntem Zustand und Sie sind meist allein.

Es sind diese Ruhezeiten, in denen die beiden Gehirnhälften miteinander kommunizieren und der Urquell der Kreativität zu sprudeln beginnt.

Wenn Sie nicht bewusst beschließen Pause zu machen,

wird das Ihr Gehirn für Sie übernehmen. Viele hart arbeitende (aber nicht intelligent arbeitende) Menschen berichten, dass sie mit der Zeit immer gestresster und unkonzentrierter werden und sich oft dabei ertappen, wie sie vor sich hin träumen. Das zeigt, dass die rechte Gehirnhälfte darauf besteht, auch bei der Arbeit müsse etwas Imagination und Fantasie erlaubt sein, um wieder das Gleichgewicht zu finden.

Wenn Sie in solch einer Situation sind und Ihren von der linken Gehirnhälfte bestimmten Lebensstil weiterführen, zwingt Ihr Gehirn Sie dazu, Pausen einzulegen. Das äußert sich unter anderem in Konzentrationsschwäche, unbegründeten Wutausbrüchen bis hin zum völligen Zusammenbruch. Dagegen gibt es nur eine Medizin: Ruhe und Entspannung.

Achten Sie also darauf, Ihrem Körper und Geist Pausen zu gönnen. Ihre kreative Intelligenz wird es Ihnen danken.

4. Machen Sie lange Spaziergänge

Die alten Römer hatten das Sprichwort *»Solvitis perambulum«*. Was so viel heißt wie »Löset es im Gehen«. Sie hatten erkannt (ohne etwas über die Funktionen der Gehirnhälften zu wissen): Wenn man spazieren geht, vor allem in der freien Natur, wird das kreative Denken so angeregt, dass einem Lösungen zu Problemen einfach so in den Schoß fallen. Dies wird bewirkt durch den gleichmäßigen Rhythmus der Schritte und der Herzschläge, durch die mit Sauerstoff gesättigtes Blut ins Gehirn gelangt, und das Schauspiel, das den Sinnen geboten wird.

Bevor Sie sich lange mit einem Problem rumschlagen, sollten Sie deshalb besser damit »Gassi gehen«.

5. Seien Sie in Ihrem Alltag kreativ

Listen Sie hier die Bereiche auf, in denen Sie Ihrer Überzeugung nach kreativ oder unkreativ sind. Lesen Sie erst danach weiter.

Kreativ	Unkreativ

Das ideale Ergebnis wäre natürlich, dass alle Aspekte Ihres Alltags von Kreativität begleitet werden und jeder einzelne davon durch Kombination der Fähigkeiten der linken und rechten Gehirnhälfte zur Entfaltung gebracht wird. Ziehen Sie die folgenden Alltagsbeschäftigungen in Betracht:

- Kochen
- Dekorieren
- Verbesserungen und Reparaturen im Haushalt
- Fotografieren
- Gartenarbeit
- Reisepläne ausarbeiten
- Tischlern
- Blumen arrangieren
- Kalkulation der Kosten für besondere Ereignisse
- Pflegen von Beziehungen
- Geschenke einwickeln
- Briefe schreiben und Mitteilungen formulieren
- den Tisch decken
- Zimmerpflanzen pflegen
- Haustiere versorgen und abrichten
- Urlaube und Feiertage vorausplanen
- Vorbereitung auf Besprechungen
- Sport treiben

Jede dieser Tätigkeiten wird interessanter, wenn man sie mit den speziellen Fähigkeiten der linken und rechten Gehirnhälfte »würzt«.

In diesem kreativen Umfeld können kleine Dinge viel bedeuten. Man kann Schneckengehäuse und Treibholz am Strand sammeln und damit eine Ecke der Wohnung dekorieren, aus Stoffresten Patchwork-Decken nähen, beim Tischdecken auf jeden Teller eine Blume legen und Salz und Pfeffer in Muschelschalen darbieten oder sich einmal einen anderen Weg zur Arbeit ausdenken. All dies sind Dinge, die keine große Mühe machen und das Lebensgefühl immens steigern.

Vor allem Urlaube und besondere Feiertage sind wunderbare Gelegenheiten zur Anwendung Ihrer kreativen Intelligenz. Machen Sie daraus kreative Festlichkeiten, die Sie nach Herzenslust ausschmücken. Kreieren Sie ausgefallene Einladungskarten und Geschenke für Ihre Gäste, oder planen Sie eine Dinnerparty für Ihre Freunde. Es gibt unzählige Möglichkeiten.

6. Die »großen Gehirne«

Alle großen Genies hatten Vorbilder, an die sie sich wandten, um inspiriert zu werden. Bei Alexander dem Großen war es sein Lehrer Aristoteles, bei Julius Cäsar wiederum Alexander der Große. Alle Genies der italienischen Renaissance orientierten sich an antiken Vorbildern. Die Zarin Katharina die Große ließ sich von Peter dem Großen inspirieren. Mohammed Ali hatte Sugar Ray Robinson, Isaac Newton hatte Sokrates, Stephen Hawking hatte Isaac Newton usw. So ist das ganze Pantheon der Geistesgrößen dauernd präsent.

Die Technik dieser großen Genies bestand darin, mit ihren

Vorbildern in Gedanken Gespräche zu führen und sie um Eingebungen zu bitten. Dieses kreative Verfahren kann beim Anstreben hoch gesteckter Ziele in Kunst und Wissenschaft, aber auch bei der Lösung alltäglicher Probleme angewandt werden.

Ich persönlich fand dieses Verfahren immer sehr wertvoll und habe es mehr als 20 Jahre lang erfolgreich genutzt. Es erlaubte mir kreativ vorzugehen, wann immer sich dafür eine Gelegenheit bot. Ich bediene mich dieses Verfahrens auf folgende Weise. Wenn ich mich mit einer Situation konfrontiert sehe, in der ich Hilfe von meinen großen Gehirnen benötige, suche ich mir diejenigen aus, von denen ich meine, dass sie mit dieser Situation am besten umgehen können, und stelle mir dann vor, welche Ratschläge sie mir geben würden. Die Kriterien für die Auswahl meiner Vorbilder sind ihre kreativen Methoden, ihre Energie und ihr Erfolg.

Zur Gruppe der großen Gehirne, die ich regelmäßig zu Hilfe rufe, gehören:

- Leonardo da Vinci, wegen seiner Vielseitigkeit und seines Erfindungsgeists;
- Queen Elizabeth I., wegen ihrer Fähigkeit, große Schwierigkeiten zu überwinden, unglaublich schnell zu lernen und trotz aller Standhaftigkeit neue Wege zu gehen;
- Buddha, weil er Licht in das Dunkel des Ichs gebracht hat und große Entbehrungen auf sich nahm;
- Mohammed Ali, wegen seiner erstaunlichen Originalität und Kreativität und seinem Einsatz für Minderheiten;

- Morihei Ueshiba, der Gründer des japanischen Kampfsports Aikido – der Aikido-Schüler lernt, Gewalt in Gelassenheit zu verwandeln, und dabei standhaft zu bleiben;
- die Menschen, die sich um die Förderung der kreativen Intelligenz verdient gemacht haben – meine lebenden großen Gehirne.

In diesem Buch werden Sie mit weiteren historischen Größen bekannt gemacht. Suchen Sie sich aus diesen und der obigen Liste vier oder fünf für Ihre persönliche Gruppe großer Gehirne aus. Vermehren Sie diese Gruppe um Freunde und Familienmitglieder, deren Intelligenz, Urteilsvermögen und Kreativität Sie besonders bewundern. Führen Sie imaginäre Gespräche mit den Mitgliedern dieser Gruppe, wenn Sie vor einem Problem stehen, und stellen Sie sich vor, welchen Rat Sie Ihnen erteilen würden. Sie werden überrascht (und manchmal verblüfft) sein, auf welche genialen Lösungen Sie mit dieser Methode kommen.

7. Experimentieren Sie mit Einsteins Gedankenspielen

Einmal pro Tag oder Woche sollten Sie sich einem kreativen Gedankenspiel hingeben, wie es Einstein getan hat. Einstein stellte sich herausfordernde Fragen wie die: »Wohin käme ich, wenn ich auf einem Lichtstrahl bis ans Ende des Universums reisen würde?« Oder: »Wenn ich mich mit Lichtgeschwindigkeit von jemandem wegbewege, sieht der mich dann noch?« Oder: »Sind Lichtstrahlen gekrümmt? Und wenn ja, wie kann ich dann in Erfahrung bringen, wo sich das, was ich sehe, tatsächlich befindet?« Dann ließ er seiner Fantasie freien Lauf, ohne sich darum zu kümmern, wie bizarr und verrückt die Lösungen oft ausfielen. Probieren Sie das einmal auf Ihrem eigenen Interessensgebiet aus. Ich bin überzeugt, Sie werden auf diese Weise einige brauchbare Antworten finden.

8. Das richtige Gleichgewicht

Da in unseren Schulen, in unserer Arbeitswelt und überhaupt in unserer Kultur die Fähigkeiten der linken Gehirnhälfte bevorzugt werden, sollten Sie besonders darauf achten, bei Ihren Aktivitäten die rechte Gehirnhälfte einzubeziehen. Denken Sie sich drei Methoden aus, Ihren Alltag um die Fähigkeiten der rechten Gehirnhälfte zu erweitern. Sie werden sehen, dass Sie dadurch produktiver arbeiten und mehr Freude am Leben haben.

9. Benutzen Sie beide Seiten Ihres Körpers

Wenn Sie beide Seiten Ihres Körpers benutzen, bringen Sie auch beide Seiten Ihres Gehirns zum Einsatz. Lernen Sie jonglieren. Benutzen Sie als Rechtshänder die linke Hand und als Linkshänder die rechte Hand für alltägliche Handlungen wie Kämmen, Zähneputzen, Kochen, Schreiben, Telefonnummern wählen etc. Vertauschen Sie beim Essen das Besteck.

10. Machen Sie sich aussagekräftige Notizen in Form von Mind-Maps®

Durch Notizen kommuniziert Ihr Gehirn mit sich selbst. Dem Gehirn fällt es nämlich viel leichter, mit Gedanken, Problemen und Erinnerungen umzugehen, wenn es sich einen externen Speicher in Form von Notizen zulegt. Versuchen Sie nur einmal, einen komplizierten Bruch im Kopf auszurechnen. Auf Papier geht das bedeutend schneller.

Bringen Sie auch bei Ihren Notizen beide Gehirnhälften zum Einsatz. Bereichern Sie die geschriebenen Begriffe um Farbe, Bilder, Perspektive und visuellen Rhythmus. Diese Technik wird als Mind-Mapping bezeichnet. Ihrer umfassenden Darstellung ist das nächste Kapitel gewidmet.

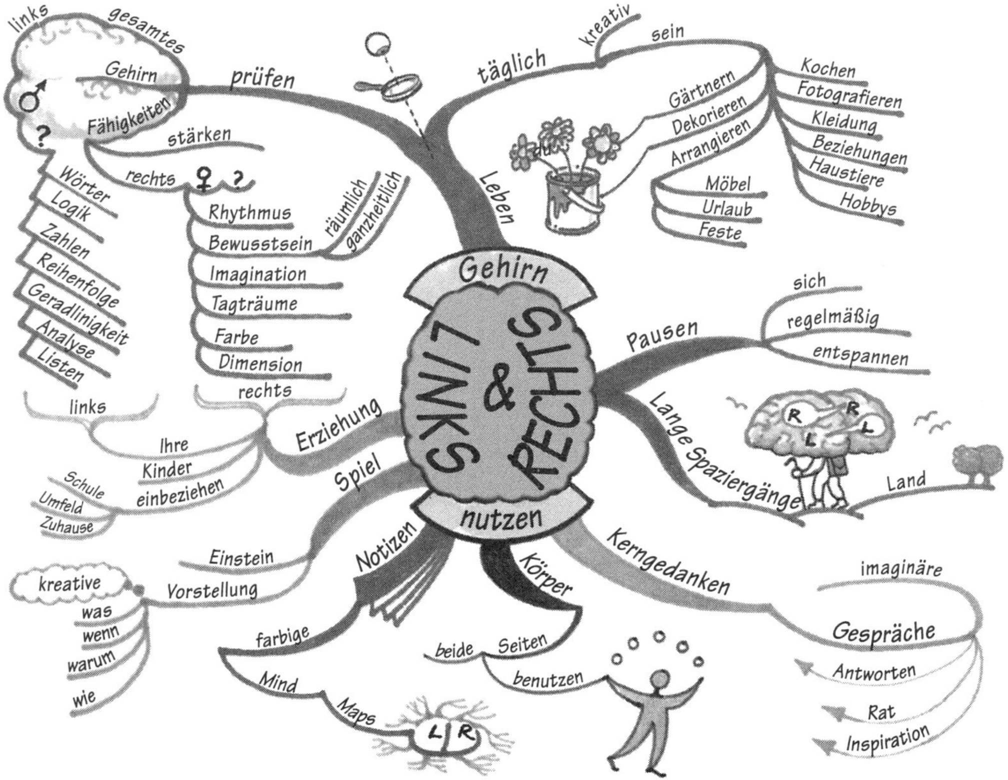

LINKS & RECHTS
Gehirn
nutzen
prüfen
Gehirn
gesamtes
links
Fähigkeiten
stärken
rechts
Wörter
Logik
Zahlen
Reihenfolge
Geradlinigkeit
Analyse
Listen
Rhythmus
Bewusstsein
Imagination
Tagträume
Farbe
Dimension
räumlich
ganzheitlich
Leben
täglich
kreativ
sein
Kochen
Fotografieren
Kleidung
Beziehungen
Haustiere
Hobbys
Gärtnern
Dekorieren
Arrangieren
Möbel
Urlaub
Feste
Pausen
sich
regelmäßig
entspannen
Lange Spaziergänge
Land
R
L
Kerngedanken
Gespräche
imaginäre
Antworten
Rat
Inspiration
Körper
beide
Seiten
benutzen
Notizen
farbige
Mind
Maps
L
R
Spiel
Einstein
Vorstellung
kreative
was
wenn
warum
wie
Erziehung
rechts
links
Ihre
Kinder
einbeziehen
Schule
Umfeld
Zuhause

2 Kreativität ohne Grenzen – die Mind-Maps®

Es ist Ihnen sicher nicht bewusst, aber die Wahrscheinlichkeit, dass Sie vom ersten Schultag bis zum Lesen dieser Zeilen die kreativen Fähigkeiten Ihres Gehirns unter Verschluss gehalten haben, beträgt 99 Prozent.

Wie kann es dazu gekommen sein?

Überlegen Sie einfach einmal, wie Ihr Gehirn seine Gedanken sichtbar macht. Anders gesagt: Welche Art Notizen machen Sie sich?

Sehen sie aus wie diese hier?

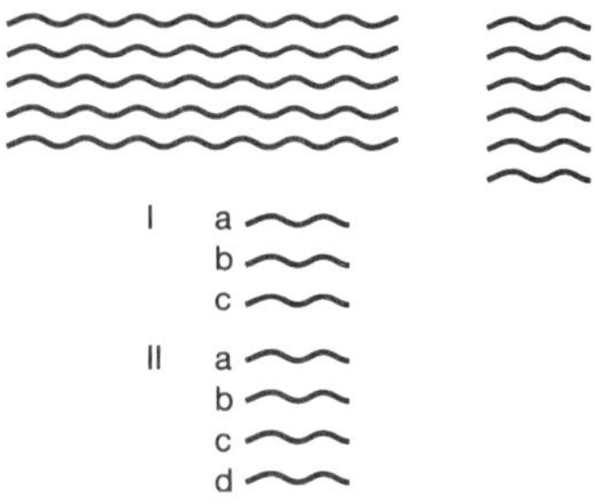

Typische Formen von Notizen

Falls Sie zu den 99 Prozent der Weltbevölkerung gehören, verwenden Sie die folgenden Notizstile: Sie reihen Wörter zu Sätzen oder Absätzen aneinander; Sie listen Dinge auf; vielleicht sind Sie so »fortschrittlich« und untergliedern Ihre Notizen mit Zahlen und Buchstaben in Haupt- und Unterpunkte; Sie notieren alles, was Sie hö-

◀ Mind-Map®, in der das Zentralbild das Thema Gehirnhälften hervorhebt. Die Äste beschreiben, wie man mit dem Wissen um die Funktionen der beiden Hälften zu einem erfüllteren Leben kommt.

ren oder lesen, in derselben Reihenfolge, wie es Ihnen präsentiert wird; Sie schreiben auf liniertes Papier und benutzen nur einen einzigen Stift oder Kugelschreiber (blau, schwarz oder grau).

Liegt es vielleicht an diesen seit Jahrhunderten bevorzugten Notizstilen, dass so viele von uns das Gefühl haben, ihre Kreativität sei verschüttet? Könnte hierin auch die Ursache liegen, weshalb die Menschheit, die sich über den Mangel an Kreativität beschwert, im Grunde nur das Wesen der Kreativität nicht versteht?

Betrachten wir zuerst einmal die blaue, schwarze oder graue Farbe unserer Notizen. Diese wählen wir, weil es uns so beigebracht wurde. (In meiner Schule brachte man uns nicht nur bei, entweder blau oder schwarz zu schreiben, wir mussten sogar die Tinte eines bestimmten Herstellers benutzen. Verstieß ein Schüler gegen diese strenge Regel, bekam er eine Strafarbeit oder musste nachsitzen.)

Was bedeutet das für das Gehirn?

Das Gehirn empfängt nur eine einzige (mono) Farbe (chroma). Alle vom Auge aufgenommenen monochromen Lichtstrahlen haben die gleiche Wellenlänge. Also hat das Gehirn nur einen (mono) Farb*ton* zu verarbeiten.

Welches Wort erhalten wir, wenn wir die Wortbestandteile »mono« und »ton« kombinieren? *Monoton.* Auf gut Deutsch gesagt: *Langweilig!*

Was tut das Gehirn, wenn es sich langweilt? Die meisten Menschen geben folgende Antworten:

- das Interesse verlieren
- Ohren auf »Durchzug« stellen
- auf Sparflamme schalten
- abschweifen
- träumen
- abdriften
- ganz abschalten

Genau jene allgemein verbreiteten Notizstile, die das geistige Produktivitätspotenzial des Planeten freisetzen sollen, langweilen kreative Geister tödlich und versetzen sie in einen Dämmerzustand.

Dabei ist es völlig gleichgültig, aus welchem Land Sie kommen oder welche Sprache Sie sprechen. Im Deutschen, Englischen, Italienischen, Spanischen oder Russischen langweilen die Zeilen von links nach rechts. Schreiben Sie dagegen Hebräisch oder Arabisch, langweilen die Zeilen von rechts nach links. Im Chinesischen langweilen die Notizen von oben nach unten. Was dem Gehirn zu schaffen macht und dazu bringt, nach einiger Zeit abzuschalten, ist diese Linearität.

Warum ist das so?

Bedenken Sie einmal, womit sich unser Gehirn gewöhnlich beziehungsweise gewohnheitsmäßig Notizen macht: mit Wörtern, Listen, Zahlen, Buchstaben, Aufzählungen und Hierarchien. Das sind die typischen Hilfsmittel der linken Gehirnhälfte.

Listen Sie nun auf, welche Hilfsmittel der rechten Gehirnhälfte zum Einsatz kommen.

Sie werden sehen: Das Blatt bleibt leer, weil die Antwort schlichtweg »keine« lautet. Keine Bilder, keine Farben, keine Mehrdimensionalität, kein gestaltendes Gesamtbild, kein visueller Rhythmus und kein räumliches Bewusstsein.

Unsere traditionellen Notizstile leisten also offenbar nur die halbe Arbeit. Es ist höchste Zeit, dem abzuhelfen. Dadurch dass wir wie der einbeinige und einarmige Läufer nur die Hälfte unserer Fähigkeiten zum Einsatz brachten, gingen wir bisher mit einem eklatanten Mangel an Effizienz zu Werke.

Die Linien auf unserem Schreibpapier sind die Gitterstäbe des Gefängnisses, in das wir unsere außergewöhnlich kreativen Gehirne verbannt haben.

Erforschen wir doch einmal, was passiert, wenn wir es unseren Gehirnen erlauben, ihre Gedanken auf eine Art und Weise auszudrücken, die ihrer Arbeitsweise tatsächlich entspricht. Sie werden sich bereits denken können, dass wir dabei alle geraden Wege verlassen müssen.

Radiales Denken – der Beweis Ihres unendlichen schöpferischen Potenzials

Im Gegensatz zu einem Computer denkt das Gehirn nicht linear und nicht in Sequenzen von »Ja« und »Nein«: Es arbeitet *radial* und *explosiv*, wie in der Zeichnung dargestellt.

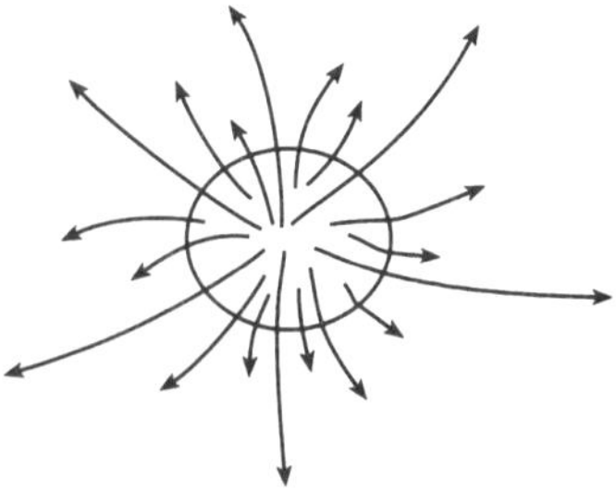

Radiales und explosives Denken

Um zu verstehen, wie radiales (= »strahlenförmiges«) Denken funktioniert, sollten Sie das folgende radial-kreative Denkspiel ausprobieren, das Ihr Verständnis davon, wie Sie denken, für immer verändern wird.

Unten sehen Sie das Wort »FUN« (»SPASS«) in Form eines Smileys in der Mitte eines Kopfs. Von diesem Kopf gehen fünf Äste nach außen, und von diesen Ästen zweigen wiederum, wie bei einem Baum oder bei einem Flussdelta, jeweils fünf Äste ab.

Das Spiel funktioniert ganz einfach so: Schreiben Sie in Großbuchstaben zunächst spontan an die ersten fünf Äste jene fünf Wörter, die Sie mit dem Begriff »SPASS« assoziieren. Danach machen Sie

sich an die nächsten Verästelungen und notieren zügig und in Großbuchstaben zu jedem Zweig die nächsten fünf Wörter, die Ihnen zu dem Schlüsselbegriff des Hauptastes einfallen (schreiben Sie wieder an jeden Zweig nur ein Wort). Sobald Sie damit fertig sind, lesen Sie bitte weiter.

Haben Sie diese Übung geschafft?

Natürlich!

War sie einfach?

Natürlich!

Ist sie wichtiger, als es zunächst den Anschein hat?

Darauf können Sie jede Wette abschließen.

Ihr Gehirn hat gerade etwas äußerst Bedeutsames getan. Sie gingen von einem Ursprungsbegriff aus und ließen von diesem Mittelpunkt fünf Strahlen mit Schlüsselbegriffen hervorgehen. Somit haben Sie Ihre kreative Leistung schon verfünffacht – also um 500 Prozent gesteigert.

Als nächste Startpunkte standen Ihnen schon fünf neue Schlüsselbegriffe zur Verfügung, die jeweils zu fünf weiteren Ideen führten. Wieder ein Wachstum von 500 Prozent pro Zweig! In kürzester Zeit kamen Sie auf 30 neue Ideen – von nur einem Grundthema ausgehend.

Rechnen Sie ruhig weiter: »Könnte ich zu jedem der 25 Zweige weitere fünf Ideen/Wörter assoziieren, die sich ebenfalls strahlenförmig ausbreiten?« Natürlich! Und damit wären Sie schon bei weiteren 125 Ideen!

Geht das bei jeder Verästelung noch jeweils fünfmal? Sicher schaffen Sie das auch – und haben weitere 625 Ideen.

Das sind 6250 Prozent mehr als zu Beginn.

Können Sie sich vorstellen, noch eine Runde weiter zu machen? Und noch eine? Und wiederum eine?

Wie viele Ideen entstehen dabei?

Unendlich viele!

Sie haben sich gerade mittels einer Mind-Map® bewiesen, dass Ihr kreatives Potenzial gen unendlich strebt.

Und es kommt noch besser!

Bei dem radial-kreativen Denkspiel, das Sie soeben gespielt haben, benutzten Sie nach wie vor hauptsächlich Ihre linke Gehirnhälfte. Stellen Sie sich nun vor, welche Ergebnisse Sie hätten erzielen können, wenn Sie zusätzlich noch die magischen Eigenschaften der rechten Gehirnhälfte eingebracht hätten.

Sie hätten diese einfache Mind-Map® um Farben, visuelle Rhythmen, Bilder, Mehrdimensionalität und vieles andere mehr bereichert. Sie hätten wie der Läufer gehandelt, der nicht behindert wird, und Ihre Fähigkeiten durch Synergie vervielfacht. Sie hätten Ihre unendlich große kreative Kapazität mit unendlich multipliziert.

Kreative Mind-Maps®

Sie haben eben spielerisch eine noch recht einfache Mind-Map® geschaffen. Eine umfangreiche Mind-Map® ist jedoch auch nicht schwieriger – und macht viel mehr Spaß.

1. Beginnen Sie in der Mitte eines leeren Blatts, das Sie quer vor sich hinlegen

Warum in der Mitte? Dadurch erhält Ihr Gehirn die Freiheit, in alle Richtungen zu expandieren. Warum Querformat? Weil Sie so viel mehr Begriffe normal – also von links nach rechts – schreiben können, was die Mind-Map® lesbarer macht.

2. Malen Sie ein Bild, das Ihre zentrale Idee zum Ausdruck bringt

Ein Bild sagt mehr als tausend Worte. Außerdem hilft es Ihrer Konzentration und bringt Ihre künstlerische Ader hervor.

3. Benutzen Sie Farbstifte

Farben fördern kreatives Denken, helfen bei der Unterscheidung von Themenbereichen und stimulieren das Sehzentrum des Gehirns. Natürlich sind Farben auch angenehmer fürs Auge.

4. Verbinden Sie die Begriffe, die Ihnen in den Sinn kommen, mit dem Zentralbild

Hängen Sie dann die Begriffe der nächsten Ebene an die auf diese Weise erhaltenen Äste an und so weiter. Ihr Gehirn arbeitet assoziativ (siehe Kapitel 7). Wenn die Begriffe miteinander verbunden sind, verbinden sie sich auch im Kopf und lösen weitere kreative Gedanken aus. Dadurch entsteht allmählich ein Gerüst, das Ihrem Gedankengebäude Stabilität verleiht, so wie Knochen, Sehnen und Muskeln Ihren Körper zusammenhalten.

5. Zeichnen Sie keine geraden Linien

Eine Mind-Map® mit geraden Linien langweilt die Augen. Das Gehirn bevorzugt Kurven, wie sie in der Natur zu finden sind.

6. Wählen Sie nur ein Wort für jede Abzweigung

Wie Sie schon von der »FUN«-Übung her wissen, generiert jeder Begriff und jedes Bild eine große Menge neuer Gedanken. Wortgruppen oder ganze Sätze lassen viel weniger Assoziationen zu als einzelne Wörter. Betrachten Sie hierzu einfach einmal die Mind-Maps® jeweils am Ende der Kapitel.

7. Verwenden Sie überall in Ihren Mind-Maps® Bilder

Bilder und Symbole prägen sich leicht ein und lösen neue, kreative Assoziationen aus.

Sie verfügen jetzt über das wirkungsvollste kreative Werkzeug, das wir kennen.

Michael Michalko

bezeichnet in seinem Buch *Erfolgsgeheimnis Kreativität* die Mind-Map® als »die Ganzhirn-Alternative zum linearen Denken«.

Zu den Vorteilen der Mind-Map® gehören laut Michalko:

- aktiviert beide Gehirnhälften,
- sorgt für einen klaren Kopf,
- erleichtert die Konzentration,
- hilft bei der detaillierten Strukturierung des zu bearbeitenden Themas,
- zeigt Verbindungen zwischen isolierten Informationen auf,
- lässt die Details und das Gesamtbild auf einen Blick erkennen,
- gibt einen Überblick über das Thema, sodass Wissenslücken schneller entdeckt werden,
- gestattet das schnelle Umgruppieren von Ideen, wodurch leichter Vergleiche angestellt werden können,
- fördert die Denkaktivität und führt immer näher an die Lösung des Problems heran,
- erfordert, dass man sich auf das Thema konzentriert, was die Übertragung von Informationen vom Kurzzeitgedächtnis ins Langzeitgedächtnis erleichtert,
- ermöglicht es, sämtliche Gedanken festzuhalten.

Die großen Genies und ihre Notizen

Willkommen im Pantheon der großen Genies. Sie werden sehen, dass jedes dieser Genies die wesentlichen Komponenten des Mind-Mapping® nutzte, um seine Gedanken ans Licht der Welt zu bringen und damit sich selbst und anderen zu helfen, Kultur, Wissenschaft und Technik voranzutreiben. Zu den großen Genies gehören Leonardo da Vinci, allgemein anerkannt als »*das* Gehirn des letzten Jahrtausends«, Michelangelo, der große Maler und Bildhauer, Charles Darwin, der große Biologe, Sir Isaac Newton, der Entdecker der Gravitationsgesetze, Albert Einstein, der Begründer der Relativitätstheorie, Sir Winston Churchill, der bedeutende Politiker und Schriftsteller, William Blake, der englische Künstler, Dichter und Visionär, Thomas Edison, der Erfinder der Glühbirne, Galileo Galilei, der durch seine astronomischen Beobachtungen unser heutiges Bild vom Universum prägte, Thomas Jefferson, der Universalgelehrte und Architekt der Verfassung der USA, der Physiker und Nobelpreisträger Richard Feynman, Marie Curie, die Chemikerin und zweifache Nobelpreisträgerin, Martha Graham, die Ikone des Tanzes und der Choreografie, und Ted Hughes, der Poet Laureate (Hofdichter) von Elizabeth II., der als bester Dichter des 20. Jahrhunderts bezeichnet wird.

Sie befinden sich in bester Gesellschaft. Viele Experten sind davon überzeugt, dass die Epoche der italienischen Renaissance hauptsächlich von den großen Genies ins Leben gerufen wurde, die sich aus dem Gefängnis des linearen Denkens befreiten. Sie machten ihre Gedanken und Ideen nicht nur mit Wörtern sichtbar, sondern bedienten sich auch der aussagekräftigeren Sprache der Zeichnungen, Bilder, Diagramme, Symbole etc.

Leonardo da Vinci

Die Notizbücher Leonardo da Vincis sind beispielhaft für einen großen und kreativen Geist. Darin finden sich unzählige Bilder, Diagramme, Symbole und Illustrationen, die Leonardo da Vinci dazu dienten, all seine bahnbrechenden Gedanken schnell und aussagekräftig zu Papier zu bringen.
Die »Seele« seiner Notizbücher, die aufgrund der Manifestationen der kreativen Intelligenz zu den wertvollsten Büchern der Welt gehören, bilden die Zeichnungen. Sie halfen Leonardo da Vinci dabei, seine Gedanken zu so weit auseinander liegenden Gebieten wie Kunst, Maschinenbau, Aquanautik, Biologie und Physiologie zu ordnen und weiterzuentwickeln. Die geschriebene Sprache stand für Leonardo da Vinci nur an zweiter Stelle. Sie diente ihm lediglich dazu, seine Gedanken und Entdeckungen zu kommentieren oder zu erläutern. Sein wichtigstes kreatives Werkzeug war seine *Bildersprache.*

Galileo Galilei

Galileo Galilei, der im späten 16. und frühen 17. Jahrhundert eine wissenschaftliche Revolution in Gang setzte, entwickelte ebenfalls einen eigenen Notizstil. Im Gegensatz zu seinen Zeitgenossen, die bei der Analyse wissenschaftlicher Probleme an den traditionellen verbalen und mathematischen Arbeitsweisen festhielten, ließ Galileo Galilei wie Leonardo da Vinci seine Gedanken durch Abbildungen und Diagramme sichtbar werden.

Interessanterweise war Galilei, ebenso wie schon da Vinci, ein großer Tagträumer. In der berühmten »Lampenlegende« wird erzählt, wie Galilei, als er einmal gedankenverloren in der Kathedrale von Pisa saß, beim Betrachten der hin- und herschwingenden Hängelampen plötzlich eine Eingebung hatte. Er erkannte, dass die Lampen für eine ganze Schwingung immer die gleiche Zeit benötigten, unabhängig davon, wie weit sie ausschlugen. Damit hatte er das Pendelgesetz entdeckt, das er sich zur Zeitmessung und zur Erfindung der Pendeluhr zunutze machte.

Richard Feynman

Der Physiker und Nobelpreisträger Richard Feynman erkannte schon als junger Mann, dass Imagination und Visualisierung für kreatives Denken unerlässlich sind. Daher machte er Imaginationsübungen und brachte sich das Zeichnen bei. Wie Galilei brach Feynman mit den herkömmlichen Notizstilen und entschloss sich, die ganze Theorie der Quantenelektrodynamik in eine neuartige visuelle Form zu bringen. Dadurch entstanden die mittlerweile berühmten Feynman-Diagramme – bildliche Darstellungen der Teilcheninteraktion, die heute von Studenten auf der ganzen Welt benutzt werden, um sich die Konzepte der modernen Physik einzuprägen und auf neue Ideen zu kommen.

Feynman war dermaßen stolz auf seine Diagramme, dass er sogar sein Auto damit bemalte.

Albert Einstein

Albert Einstein, *das* Gehirn des 20. Jahrhunderts, verwarf ebenfalls die traditionellen linearen, numerischen und verbalen Formen des Denkens. Wie schon Leonardo da Vinci und Galileo Galilei vor ihm, hielt er diese Werkzeuge zwar für nützlich, jedoch nicht für unbedingt notwendig. Ihm war Imagination viel wichtiger. Von ihm stammt das Zitat: *»Imagination ist wichtiger als Wissen, da sie keine Grenzen kennt.«* In einem Brief an seinen Freund Maurice Solovine schreibt er gar, dass es ihm schwer fällt, seine Philosophie der Wissenschaft in Worten auszudrücken. Er dachte eben weniger in Worten, sondern mehr in Bildern und Diagrammen.

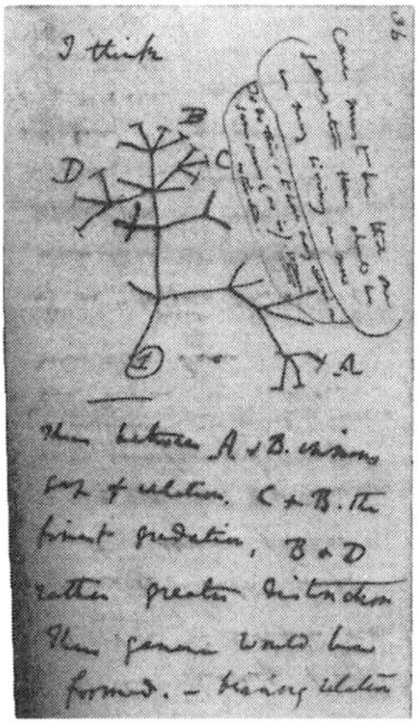

Darwins Notizstil

Charles Darwin

Mit der Ausarbeitung der Evolutionstheorie hatte sich Darwin eine gigantische Aufgabe gestellt. Er musste möglichst viel über Flora und Fauna in Erfahrung bringen, die bekannten Arten klassifizieren, Regelmäßigkeiten und »Unregelmäßigkeiten« in der Natur erklären und die Entwicklung aufzeigen, die zu der ungeheuren Artenvielfalt führte.

Darwin machte seine Notizen mit Mind-Maps®, die eine Baumstruktur und große Ähnlichkeit mit der »FUN«-Übung von Seite 45f. aufweisen. Für Darwin war diese einfache Form der Mind-Map® die einzig effektive Methode, Unmengen von Daten zu sammeln und zu ordnen, Verbindungen zwischen ihnen herzustellen und zu neuen Erkenntnissen zu gelangen. Von dem Tag an, als Darwin sein erstes Mind-Map®-Diagramm zeichnete, soll er nur noch fünfzehn Monate gebraucht haben, um die Grundzüge seiner Evolutionstheorie auszuarbeiten.

Sie wissen nun bereits einiges über kreatives Denken mit Mind-Maps® und sind bestens für ein weiteres Kreativitätstraining gerüstet.

Kreativitätstraining

1. Bringen Sie Farbe in Ihre Notizen

Benutzen Sie für Ihre Notizen immer Farbstifte. Beginnen Sie mit einem Vierfarben-Kugelschreiber und erweitern Sie allmählich Ihre Farbpalette. Bunte Notizen sind viel aussagekräftiger als schwarzweiße; sie stimulieren kreatives Denken und bringen im wahrsten Sinne des Wortes Farbe in Ihr Leben.

2. Träumen Sie am Tag und in der Nacht

Sowohl nächtliche Träume als auch Tagträumereien trainieren die visuellen Muskeln des kreativen Denkens. Halten Sie die Bilder und Ideen Ihrer schönsten Träume am besten in

Form von Mind-Maps® fest. Das regt Sie dazu an, Ihre Mind-Map®-Notizen anschaulich und farbenfroh zu gestalten.

3. Denken Sie radial

Nehmen Sie sich einmal wöchentlich ein für Sie interessantes Wort oder Thema vor und bearbeiten Sie es wie in der »FUN«-Übung mit radialem Denken und einer Mini-Mind-Map®. Auf diese Weise bleiben Sie beim Mind-Mapping® in Bestform.

4. Erstellen Sie Mind-Maps®

Erstellen Sie stets eine Mind-Map®, wenn Sie sich vor eine kreative Herausforderung gestellt sehen. Gehen Sie dabei schrittweise vor:

- Beginnen Sie mit einem kurzen Brainstorming und einer Mini-Mind-Map®, genau wie bei der »FUN«-Übung, und integrieren Sie dabei Farben, Bilder sowie alles, was Ihnen in den Sinn kommt (siehe Seite 45f.). Bei dieser Übung sollten Sie möglichst rasch und zügig vorgehen.
- Gönnen Sie sich nun mindestens eine Stunde Pause, in der Sie Ihr Gehirn alles verarbeiten lassen.
- Gehen Sie wieder an Ihre Mind-Map® und fügen Sie sämtliche neuen Gedanken hinzu, die Ihnen in der Zwischenzeit kamen.
- Untersuchen Sie Ihre Mind-Map® sorgfältig auf neue mögliche Verbindungen zwischen den einzelnen Elementen der verschiedenen Verästelungen.

- Verbinden Sie diese einzelnen Elemente durch Pfeile oder Farbkodes.
- Bestimmen Sie die wichtigsten dieser Verbindungen.
- Gönnen Sie sich und Ihrem Gehirn eine weitere kurze Denkpause.
- Schauen Sie noch einmal Ihre Mind-Map® an, um weitere neue Verbindungen herzustellen und zu markieren.
- Konsultieren Sie nun Ihre Mind-Map® als Ratgeber bei Ihrer Entscheidungsfindung.

5. Führen Sie Mind-Map®-Notizbücher

Ein weiterer großer kreativer Geist, der seine Gedanken mit visuellen Notizen, die den Mind-Maps® gleichen, zu Papier brachte, war Thomas Edison, und er tat dies, weil Leonardo da Vinci es getan hatte.

Edison, der ein Patent nach dem anderen anmeldete, war unermesslich fleißig und fand, dass sich seine Kreativität am besten entfalten könne, wenn er in die Fußstapfen seines Idols Leonardo da Vinci trat. Daher zeichnete Edison sorgfältig und mit vielen Abbildungen jeden Schritt seiner Gedankengänge auf – und füllte auf diese Weise 350 Notizbücher!

6. Verwenden Sie Mind-Maps® als kreatives Kommunikationswerkzeug

Benutzen Sie eine kreative Mind-Map®, wenn Sie eine Rede oder einen Vortrag halten müssen. Sie werden erleben, dass

Sie dadurch Ihre Gedanken im Vortrag viel besser präsentieren können.

Wer kennt nicht die linearen, langweiligen, monotonen, gestelzten und zumeist humorlosen Präsentationen, bei denen man schnell das Interesse verliert. Die Angst, in der Öffentlichkeit zu sprechen, ist wahrscheinlich nicht zuletzt darauf zurückzuführen, dass man sich nicht zutraut, die Zuhörer in den Bann zu ziehen.

Mit einer Mind-Map® befreien Sie Ihren Geist und gewinnen Selbstbewusstsein. Sie hilft Ihnen, Ihre Gedanken rasch zu ordnen, sie in die richtige Reihenfolge zu bringen und alle wichtigen Schlüsselbegriffe und Bilder parat zu haben, sobald Sie zu sprechen beginnen. Sie werden entspannt, spontan und frei sprechen und bald in den Gesichtern Ihrer Zuhörer, die mit einem der üblichen langweiligen Vorträge gerechnet hatten, Erleichterung oder gar Begeisterung wahrnehmen.

Und wenn Sie dann am Ende Applaus ernten, werden Sie nie wieder vor öffentlichen Auftritten zurückschrecken. Sie werden dieses Gefühl des Triumphs nie wieder missen wollen.

7. Planen Sie Ihre Zukunft mit Mind-Maps®

Setzen Sie entweder ein Bild von sich oder ein entsprechendes Symbol in die Mitte einer Mind-Map®, und wählen Sie für die Hauptäste Themenbereiche, wie Fertigkeiten, Ausbildung, Reisen, Familie, Arbeitsplatz, Vermögen, Gesundheit,

Freunde, Ziele, Hobbys und so weiter. Nehmen Sie auf dieser Mind-Map Ihr zukünftiges Leben vorweg. Lassen Sie dabei Ihrer Fantasie freien Lauf, so als ob Sie einen Lampengeist besäßen, der Ihnen jeden Wunsch erfüllt.

Sobald Sie mit dieser Mind-Map® fertig sind, sollten Sie mit Hilfe Ihrer Großen Gehirne die Verwirklichung Ihrer Pläne und Vorstellungen in Angriff nehmen (siehe Seite 35ff.). Viele meiner Bekannten erzielten mit dieser Methode, ihr Leben zu gestalten, außerordentliche Erfolge. Einige hatten bereits nach ein paar Jahren 80 Prozent ihrer Pläne in die Tat umgesetzt.

8. Erstellen Sie rein visuelle Mind-Maps®

Entwickeln Sie gelegentlich Mind-Maps®, die ausschließlich aus Bildern bestehen – ohne ein einziges geschriebenes Wort! Ihr Gehirn bringt nämlich andere Kombinationen und Assoziationen hervor, wenn es nur mit Bildern zu tun hat. Sie werden staunen über die neuen Ideen und Verbindungen, die bei einer derartigen Beschäftigung mit einem Thema entstehen. Diese Übung macht übrigens mehr Spaß, nachdem Sie Kapitel 3 gelesen und den darstellenden Künstler in sich erweckt haben.

9. Finden Sie eigene Farbkodes

Überlegen Sie sich vier verschiedene Methoden, wie Sie in Ihren Mind-Maps® Farben als Kodes verwenden können. Entdecken Sie, was Sie mit Farben und/oder Strukturen alles darstellen können: Verbindungen, verschiedene zeitliche und gedankliche Ebenen, Menschen, Handlungen, Prioritäten etc.

10. Machen Sie sich das Leben leichter

Erstellen Sie eine Mind-Map® über alle Situationen, in denen Ihnen eine Mind-Map® helfen kann – zu Hause, am Arbeitsplatz, überhaupt in allen Bereichen Ihres Lebens. Erweitern Sie diese Mind-Map® Zug um Zug. Fügen Sie Ihren eigenen Ideen die Ideen anderer Personen hinzu.

Dieses Mind-Map® fasst sich selbst zusammen. Sie zeigt, warum Mind-Maps® herkömmlichen Notizen überlegen sind. Außerdem zeigt sie, wie man mit Mind-Maps® die »geistigen Muskeln« stärkt. ▶

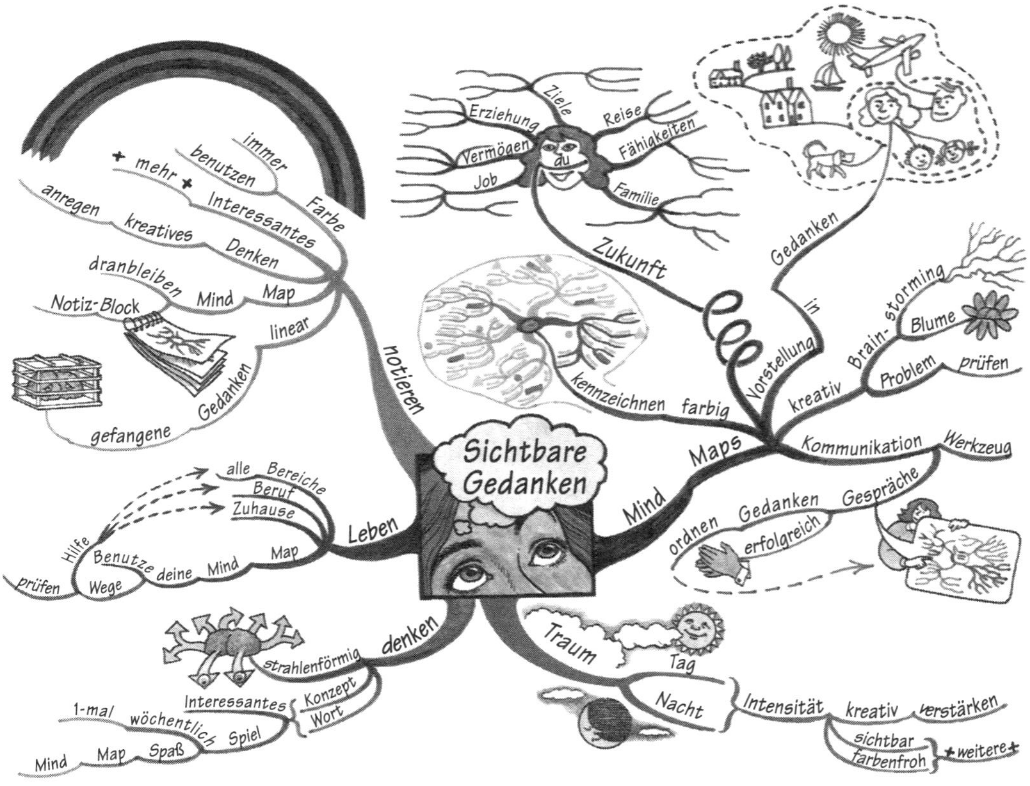

Sichtbare Gedanken
notieren
Farbe
immer
benutzen
+ mehr +
Interessantes
anregen
kreatives
Denken
dranbleiben
Mind
Map
Notiz-Block
linear
Gedanken
gefangene
Zukunft
Ziele
Erziehung
Vermögen
Job
du
Reise
Fähigkeiten
Familie
Gedanken
in
Vorstellung
kennzeichnen
farbig
Mind
Maps
kreativ
Brain-storming
Blume
Problem
prüfen
Kommunikation
Werkzeug
Gespräche
Gedanken
ordnen
erfolgreich
Leben
alle Bereiche
Beruf
Zuhause
Map
Mind
deine
Benutze
Wege
Hilfe
prüfen
denken
strahlenförmig
Konzept
Wort
Interessantes
Spiel
wöchentlich
1-mal
Spaß
Map
Mind
Traum
Tag
Nacht
Intensität
kreativ
verstärken
sichtbar
farbenfroh
+weitere+

3 Sie sind ein Künstler

Über 95 Prozent der Menschen glauben, dass sie nicht künstlerisch veranlagt sind, dass Künstler eine spezielle magische Gabe besitzen, die nur wenigen Auserwählten zuteil wird.

Ich habe dieses Phänomen in verschiedenen Ländern untersucht und bin dabei zu einigen erstaunlichen Erkenntnissen gekommen. Erstens waren die Ergebnisse unabhängig von Nationalität, Rasse, Alter und Geschlecht der Befragten immer die gleichen. Zweitens waren die Antworten auf die wichtigsten Fragen immer logisch und *immer* falsch.

Eine der Fragen, die ich denjenigen stellte, die nicht an ihr künstlerisches Talent glaubten, lautete: »Woher wissen Sie, dass Sie nicht zeichnen und malen können?«

Die meisten antworteten, sie hätten es vergeblich versucht, aber nichts Zufriedenstellendes zuwege gebracht. Das sei der Beweis dafür, dass ihnen diese Fähigkeit nicht in die Wiege gelegt wurde. Eigentlich hatten sie aber nur »bewiesen«, dass ihr erster Versuch nicht zum gewünschten Ergebnis führte und dass ihnen niemand beigebracht hat, wie man einen solchen Versuch unternimmt.

Was fast in allen Fällen geschehen war, möchte ich in Form einer kleinen Geschichte wiedergeben, die Ihnen wahrscheinlich bekannt vorkommt.

Der Tod des Künstlers in uns

Erinnern Sie sich an den Anfang Ihrer Schulzeit:

> Es ist ein schöner Herbsttag. Ihr Lehrer kommt ins Klassenzimmer und verkündet, dass er heute die erste Zeichenstunde hält. Sie sind sehr aufgeregt, da Ihr Geist voller wunderbarer Bilder ist. Sie können gar nicht erwarten, all diese Bilder zu Papier zu bringen. Natürlich so bunt wie möglich, in allen Farben des Regenbogens.
> Und dann sagt der Lehrer aufmunternd: »Seid ihr bereit, Kinder? Ich möchte, dass ihr ein Flugzeug zeichnet.«
> Vor Ihrem geistigen Auge erscheint zwar ein Flugzeug, aber Sie verfügen nicht über die Technik, es richtig abzubilden. Sie wissen nicht, wie und womit Sie anfangen sollen. Was tun Sie als Erstklässler in dieser Situation? Sie versuchen natürlich herauszufinden, was die anderen Schüler machen.
> Es wird jedoch nicht lang dauern, bis der Lehrer Sie zurechtweist: »Guck nicht von den andern ab! Das ist Betrug.«

Meinen Kollegen und mir ist so gut wie niemand untergekommen, der kein solches Erlebnis hatte.

Wissen Sie, was Ihnen damals angetan wurde? Das war genau so, als ob Ihre Eltern auf Ihr erstes gesprochenes Wort, »Mama«, mit der Ermahnung reagiert hätten: »Wir wussten schon immer, dass du mal ein Betrüger wirst. Stiehl uns nicht unsere Sprache. Erfind deine eigene!«

Natürlich würde kein Vater und keine Mutter jemals so etwas Dummes sagen. Denn wir alle wissen intuitiv, dass Kinder durch Nachahmung lernen. Nachahmung ist unser erstes Werkzeug fürs Lernen. Dadurch eignet sich unser Gehirn das Wissen an, das es als Grundlage für seine Kreativität benötigt. Das gilt für die Kunst ebenso wie für die Sprache.

Lassen Sie uns nun zu Ihrer ersten Zeichenstunde zurückkehren, in der Ihnen gerade Ihre erste Lerntechnik verweigert wurde.

Frustriert und verzweifelt kämpfen Sie mit Ihrem Flugzeug, bis die Stunde um ist. Nach »Beendigung« Ihrer Arbeit dürfen Sie sich umsehen. Und was sehen Sie?

Lauter bessere Flugzeuge!

Das liegt daran, dass den meisten Kindern an ihren eigenen Bildern die Schwächen und an denen der anderen die Stärken auffallen. Wenn Ihr Bild eher einem Omnibus als einem Flugzeug gleicht, kann es freilich sein, dass Sie sich auch noch anhören müssen: »Das soll ein Flugzeug sein? Wo sind denn die Flügel?« Dann fühlen Sie sich am Boden zerstört, und der Keim der Kreativität, der in Ihnen zu sprießen begann, verwelkt, bevor er Früchte trägt.

Danach bricht noch mehr Unglück über Sie herein. Entweder wird Ihr Flugzeugbild nicht an der Klassenzimmerwand aufgehängt, und Sie fühlen sich ausgeschlossen, oder (was noch schlimmer ist) es hängt dort und erinnert Sie tagtäglich dar-

an, dass Sie versagt haben. Dass Sie keines der Bilder, die Sie im Kopf hatten, zu Papier bringen konnten.
Ein paar Tage später kommt Ihr Lehrer in die Klasse und kündigt fröhlich an: »Heute zeichnen wir wieder, Kinder.«
Was wird Ihr Gehirn dazu sagen?
»Auf gar keinen Fall!«
Ihr Gehirn wird beschließen, Papierknäuel oder Büroklammern auf die Kinder zu schießen, die gute Zeichnungen abgeliefert haben, den Freunden geheime Nachrichten zuzustecken oder einfach in den Anblick der Natur draußen vor dem Fenster zu versinken. Ihr Gehirn will von Kunst nichts mehr wissen. Warum? Weil es bewiesen hat, dass es auf diesem Gebiet nichts leistet.

Von da an geht der Künstler, der von Natur aus in Ihnen steckt, auf Tauchstation. Er will nie wieder erleben, wie sein wunderbarer Traum zerstört wird.

Der Traum, etwas Schönes zu schaffen, bleibt aber lebendig und lässt sich auch jetzt noch verwirklichen.

Die Wiedergeburt des Künstlers in uns

Damals in Ihrer ersten Zeichenstunde hätte nur jemand zu Ihnen sagen müssen: »Das ist ein wunderbares kleines Flugzeug. Soll es auch Flügel haben?« Und Sie hätten natürlich mit »Ja« geantwortet.

Ein wirklich guter Lehrer hätte Ihnen dann etwa folgenden Rat gegeben: »Nun, du brauchst nur dort zwei Linien zu zeichnen und zwei Linien auf der anderen Seite, und schon hast du die Flügel. Und wenn du noch bessere und schönere Flugzeuge zeichnen möchtest, geh rüber zu Sandy und bitte sie, dir zu zeigen, wie das geht. Sandy hat schon im Kindergarten tolle Flugzeuge gezeichnet.«

Wenn Sie auf diese Weise ermutigt worden wären, hätten Sie sich bereits in jungen Jahren das Rüstzeug fürs Zeichnen angeeignet und wären heute ein begnadeter Künstler.

Der Rest dieses Kapitels ist der Wiedererweckung des Künstlers in Ihnen gewidmet. Hier lernen Sie, kleine Kunstwerke zu schaffen, von denen Sie selbst, Ihre Familie und Ihre Freunde begeistert sein werden.

Erstes künstlerisches Kreativitätsspiel

Mit dieser Kreativitätsübung werden Sie wieder zum Erstklässler und beginnen Ihre künstlerische Karriere ganz von vorn. Damit dies wirklich ein Neubeginn wird, müssen Sie die Hand benutzen, mit der Sie normalerweise nicht schreiben oder zeichnen.

Auf Seite 68 finden Sie Quadrate, die jeweils mit einer Zahl und einem Buchstaben bezeichnet sind und Linien unterschiedlicher Länge und Anordnung enthalten. Auf der gegenüberliegenden Seite befindet sich ein Raster, dessen Felder sich wie bei einem Schachbrett durch die am Rand stehenden Zahlen und Buchstaben identifizieren lassen. Ihre

Aufgabe besteht darin, die Linien der Quadrate sorgfältig in die Felder des Rasters zu übertragen. Wenn Sie damit fertig sind, überprüfen Sie jedes Quadrat noch einmal, um sicherzustellen, dass sich keine Fehler eingeschlichen haben. Dann, und *erst* dann, drehen Sie das Buch um 180 Grad und sehen sich an, was Sie geschaffen haben. Notieren Sie danach hier unten Ihre Reaktionen.

Glauben Sie nun an Ihr künstlerisches Potenzial? Das sollten Sie auf alle Fälle, denn Sie haben soeben mit Ihrer untrainierten Hand das größte Genie der letzten tausend Jahre gezeichnet, Leonardo da Vinci.

Wie konnte Ihnen das gelingen? Sie haben ganz einfach eine Ihnen bisher unbekannte Methode angewandt. Um die Linien exakt zu verfolgen, haben Sie mit Ihren Augen und Ihrem Verstand Messungen vorgenommen. Hätten Sie nicht millimetergenau gearbeitet, dann wäre kein befriedigendes Gesamtbild entstanden. Wenn Sie nicht von Gedanken gestört werden wie »Das schaff ich nie«, »Von Kunst hab ich keine Ahnung«, »Zum Künstler muss man geboren sein« oder »Ich konnte doch noch nie zeichnen«, beobachten, messen und kopieren Sie ganz genau und gewinnen dadurch mit der Zeit ein Gefühl für Proportionen.

Zur Anfertigung der Zeichnung haben Sie, obwohl Sie die ungeübte Hand benutzten, relativ wenig Zeit benötigt. Welches künstlerische Niveau werden Sie wohl erreichen, wenn Sie Gelegenheit haben, über Jahre hinweg das Talent zu entfalten, das in Ihrer ersten Schulklasse zugeschüttet wurde?

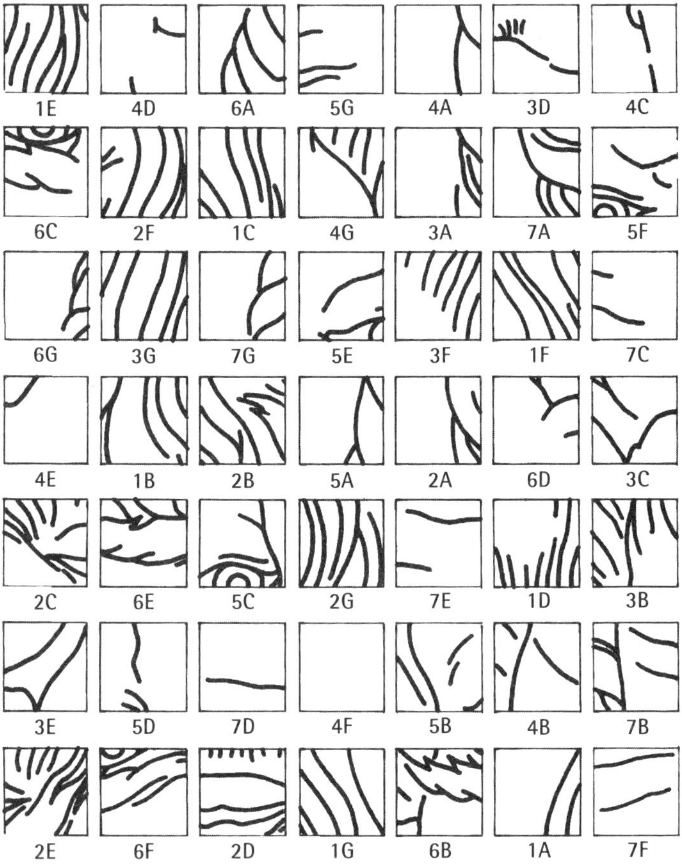
1E 4D 6A 5G 4A 3D 4C
6C 2F 1C 4G 3A 7A 5F
6G 3G 7G 5E 3F 1F 7C
4E 1B 2B 5A 2A 6D 3C
2C 6E 5C 2G 7E 1D 3B
3E 5D 7D 4F 5B 4B 7B
2E 6F 2D 1G 6B 1A 7F

1							
2							
3							
4							
5							
6							
7							
	A	B	C	D	E	F	G

Das Geheimnis der großen Künstler

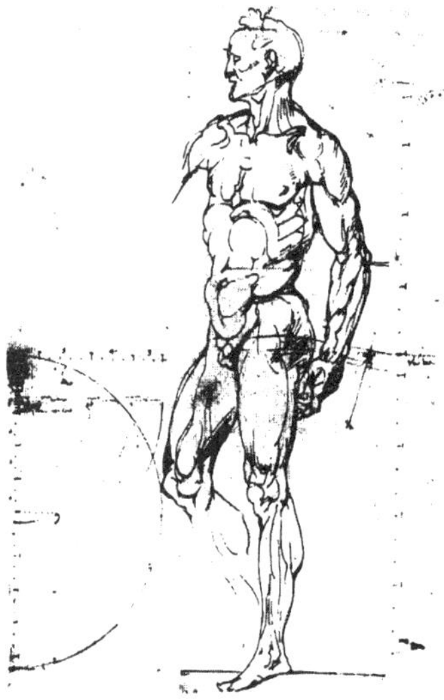

Sie taten genau das, was Sie bei der letzten Übung taten. Bevor sie etwas zeichneten, beobachteten sie es genau und nahmen Maß. Sehen Sie sich die Abbildungen auf diesen beiden Seiten an. Die erste ist Michelangelos wunderbare Zeichnung eines Athleten. Wenn Sie genau hinsehen, erkennen Sie links und am rechten Rand Linien, Markierungen und Zahlen. Michelangelo ging bei der Darstellung des menschlichen Körpers wie ein Wissenschaftler vor. Er brachte auf dem Blatt Markierungen an und maß die Körperproportionen und erhielt dadurch Punkte, die er nur noch verbinden musste.

Bei der zweiten Abbildung handelt es sich um eine Skizze Leonardo da Vincis, die diese Methode noch besser verdeutlicht. Da Vinci nahm ebenfalls Messungen vor, was an den Beinen des Pferds deutlich zu erkennen ist, und unterteilte den Körper so, dass geometrische Figuren entstanden. Dadurch erreichte er, dass die Proportionen stimmen. Er sah die Natur ebenfalls mit den Augen eines Wissenschaftlers und schuf auf diese Weise Arbeiten, die wir heute als Meisterwerke bezeichnen.

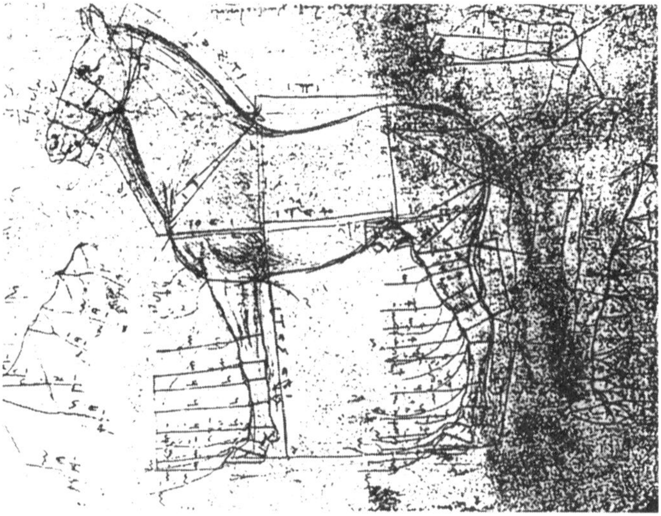

Die großen Künstler zeichneten nicht aus einer Laune heraus. Sie sahen sich erst genau an, was sie zeichnen wollten, analysierten und maßen es und »kopierten« es dann von ihrem geistigen Auge auf Papier. Tatsächlich wollte da Vinci nicht als vergeistigter Künstler angesehen werden, sondern als Kopist der Natur.

Im nächsten Kreativitätstraining erhalten Sie Gelegenheit, Ihre neu erworbenen Fertigkeiten weiterzuentwickeln.

Zweites künstlerisches Kreativitätsspiel

Bei diesem Kreativitätsspiel zeichnen Sie mit Bausteinen. Diese Bausteine haben die Form von Kreisen, Ovalen, Dreiecken, Quadraten, Rechtecken etc. und sind auf Seite 73 oben abgebildet. Suchen Sie sich einen Baustein aus und zeichnen Sie ihn auf ein Blatt Papier. Fügen Sie dann so lange weitere Bausteine hinzu, bis vor Ihrem geistigen Auge ein Gegenstand erscheint.

Ihr Gehirn vollbringt bei diesem Spiel eine erstaunliche Leistung. Sie haben bestimmt schon einmal erlebt, wie Ihr Gehirn in Wolken, schneebedeckten Landschaften, Baumrinden, Gesteinsformationen und flackernden Flammen plötzlich Gesichter, Tiere oder Monster entdeckte. Wenn Sie mit Bausteinen zeichnen, laufen die gleichen gestaltenden Denkprozesse ab.

Die untere Abbildung zeigt sechs Grundformen, von denen vier bereits erweitert wurden.

Wenn Sie möchten, können Sie ausgehend von einer dieser Formen eine weitere Zeichnung anfertigen oder zu Seite 79 vorblättern, wo Sie sich einige Ergebnisse dieses Spiels anschauen können. Manche der dort dargestellten Gegenstände erkennen Sie vielleicht erst dann, wenn Sie das Buch drehen: Durch Veränderung des Blickwinkels und der Perspektive vereinigen sich die einzelnen Elemente plötzlich zu einem Gesamtbild.

Sie wissen jetzt, dass Sie kreativ sind, dass Sie von Natur aus ein Künstler sind und dass Sie sogar mit der ungeübten Hand zeichnen können. Sie kennen die Methoden der größten Künstler aller Zeiten und verfügen über die wesentlichen Werkzeuge des künstlerischen Schaffens. Der Entwicklung Ihres kreativen Potenzials steht nichts mehr im Weg.

Bausteine fürs Zeichnen

Kombinationen von Bausteinen

Kreativitätstraining

1. Spielen Sie das zweite künstlerische Kreativitätsspiel

Nehmen Sie ein leeres Blatt Papier und zeichnen Sie einige der Bausteine. Fügen Sie weitere Bausteine hinzu, bis sich erkennbare Gegenstände bilden. Vervollständigen Sie dann Ihre Zeichnungen nach Belieben.

2. Lernen Sie die Messmethode der großen Künstler

Wenn Sie jemals Zeichnern oder Malern bei der Arbeit zugesehen oder sich einen Film über große Künstler wie van Gogh oder Michelangelo angeschaut haben, werden Sie bemerkt haben, dass diese immer wieder etwas tun, das sehr exzentrisch erscheint: Sie halten mit ausgestrecktem Arm einen Stift oder Pinsel vors Gesicht und wedeln damit in der Luft umher. Wahrscheinlich konnten Sie sich darauf keinen Reim machen. Gleich werden Sie jedoch erfahren, dass diese Handlungsweise dazu beitrug, sie zu großen Künstlern zu machen, und wie sie Ihnen helfen kann, in Ihrer Entwicklung der Kreativität einen großen Schritt vorwärts zu tun.

Spielen Sie bei der nächsten Party Michelangelo. Nehmen Sie einen Stift und Papier (nach Möglichkeit auch noch eine Staffelei) und suchen Sie sich Mitspieler, die bereit sind, an einem Tisch eine Weile stillzusitzen. Begeben Sie sich ans Kopfende des Tisches und beginnen Sie, die Szene zu zeichnen. Bald werden Sie bemerken, dass Sie einzelne Personen und Gegenstände ganz gut treffen, aber kein Gesamtbild entstehen will. Die Perspektive stimmt nicht.

Machen Sie einen zweiten Versuch, bei dem Sie jedoch zuvor abmessen. Wenn Sie beispielsweise die Größe eines Kopfs bestimmen wollen, richten Sie das Ende Ihres Zeichenstifts auf das obere Ende des Kopfs und lassen dann Ihren Daumen bis in Höhe des Kinns wandern. Dabei muss der Abstand zwischen Ihren Augen und dem Stift so groß sein wie der Abstand zwischen Ihren Augen und dem Papier. Nehmen Sie möglichst viele solcher Messungen vor, bevor Sie sich ans Zeichnen machen.

Von Künstlern angewandte Messmethode

Diese Messmethode war übrigens in den antiken Kulturen unbekannt. Sie wurde erst vor 600 Jahren entdeckt – von den kreativen Geistern der italienischen Renaissance.

3. Zeichnen Sie Cartoons

Unten sehen Sie mehrere Bilder mit Gesichtsausdrücken. Kopieren Sie diese sorgfältig. Wenn Sie mit Ihren Gesichtern unzufrieden sind – nicht ausradieren, sondern aufheben! Dadurch können Sie feststellen, welche Fortschritte Sie gemacht haben, wenn Sie diese Übung nach einigen Wochen wiederholen.

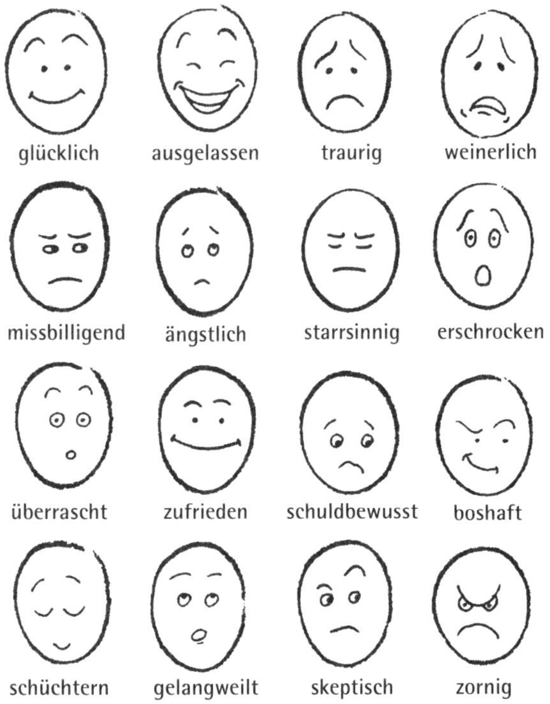

4. Üben Sie

Benutzen Sie zum Zeichnen immer wieder die »verkehrte« Hand. Vom beidhändigen Arbeiten profitieren nämlich auch Ihre anderen kreativen Fähigkeiten. Spielen Sie einmal pro Woche das zweite künstlerische Kreativitätsspiel. Verändern Sie Form und Größe der Bausteine, probieren Sie neue Kombinationen aus, lassen Sie Ihre Zeichnung organisch wachsen. Dadurch bleibt der Künstler in Ihnen in Übung.

5. Nehmen Sie Unterricht

Da nun Ihre künstlerische Karriere wieder in Gang gekommen ist, sollten Sie an einem Mal- oder Zeichenkurs teilnehmen. Oder machen Sie einmal einen Malurlaub. Das dient sowohl der Entspannung als auch der Inspiration.

6. Besuchen Sie Kunstgalerien

Ausgestattet mit Ihrem neuen Wissen über die »Wissenschaft der Kunst«, werden Sie von nun an Kunstwerke mit anderen Augen sehen. Sie werden durch Galeriebesuche allmählich erkennen, wie sich die bildende Kunst entwickelt hat, und dabei Vorbilder finden, die Sie kopieren möchten.

7. Lernen Sie sehen

Michelangelo oder Leonardo da Vinci hielten beim Spazierengehen immer Ausschau nach interessanten Dingen. Wenn Sie etwas Besonderes entdeckt hatten, beobachteten sie es, schlossen dann ihre Augen und machten sich ein Bild davon und sahen es sich daraufhin noch einmal genau an. Dabei verglichen sie ihre Erinnerung mit der Realität. Dies taten sie so lang, bis ihre Erinnerung mit dem, was sie sahen, so gut übereinstimmte, dass es keinen Unterschied mehr machte, ob ihre Augen offen oder geschlossen waren. Danach gingen sie ins Atelier zurück und zeichneten, was sie sich eingeprägt hatten.

Versuchen auch Sie immer wieder dieses interessante Spiel. Sie werden bemerken, dass sich dadurch Ihr Zeichenstil und – was ebenso wichtig ist – Ihr Erinnerungsvermögen erheblich verbessern.

8. Informieren Sie sich

Gehen Sie in Geschäften für Künstlerbedarf auf Entdeckungsreise. Sie werden erstaunt sein über die vielen unterschiedlichen Materialien, die dort fürs Zeichnen angeboten werden. Kaufen Sie sich unbedingt einen kleinen Skizzenblock oder ein Notizbuch, damit Sie jederzeit Ihre Ideen und Eindrücke festhalten können – natürlich am besten in Form von Bildern. Auf diese Weise treten Sie genau in die Fußstapfen von Thomas Edison und Leonardo da Vinci.

9. Öffnen Sie Ihre Augen

Falls Sie noch Zweifel an Ihrer Kreativität haben, sollten Sie jetzt versuchen, sich an all die schönen und außergewöhnlichen Dinge zu erinnern, die Sie erlebt haben. Wenn Sie sich beim Lesen dieses Buches gerade in einer interessanten Umgebung aufhalten, sehen Sie sich um.

Da wir zum Sehen unsere Augen benutzen und da die Realität »da draußen« ist, meinen wir, wir würden die Welt um uns herum von außen betrachten.

Was sich tatsächlich abspielt, ist eben etwas ganz anderes. Die Lichtstrahlen, die ins Auge einfallen, werden von der Augenlinse auf die Netzhaut projiziert und dort in Reize umgewandelt. Diese Reize gelangen dann über den Sehnerv ins Gehirn, wo sie zu einem Bild zusammengesetzt werden. Sobald wir also die Augen öffnen, »malt« unser Gehirn ein perfektes Bild der Wirklichkeit. Jedes schöne Gesicht, jeder schneebedeckte Berggipfel, jeder Sonnenaufgang und -untergang, jede Blume und jedes Tier, das Sie in Ihrem Leben gesehen haben, haben Sie in Ihrem Kopf noch einmal erschaffen.

Sie haben also bereits Milliarden Meisterwerke gemalt. Der Künstler in Ihnen möchte freilich die innere Welt in Bilder umsetzen und damit etwas völlig Neues schaffen. Lassen Sie ihm freien Lauf.

Zeichnen mit Bausteinen

4 Sie sind ein Musiker

Woran liegt es, dass 95 Prozent der Menschen, die in verschiedenen Ländern befragt wurden, angaben, sie seien unmusikalisch, und dass Musiker wie bildende Künstler eine magische Gabe besäßen, die nur wenigen Menschen verliehen werde? Sie hatten irgendwann einmal versucht, Musik zu machen, aber aufgegeben, weil die Ergebnisse unbefriedigend waren. War ihnen das musikalische Talent nicht in die Wiege gelegt worden? Oder lag es einfach nur daran, dass sie das Geheimnis, wie man auf natürliche Weise musiziert, nicht kannten?

Um den Dingen auf den Grund zu kommen, wenden wir uns zunächst den Vögeln zu.

Wie Vögel Musik machen

Zu Beginn des letzten Jahrhunderts beschäftigte sich ein junger japanischer Musiker namens Suzuki mit der Frage, wie Vögel das Singen lernen.

Damals hielten sich Millionen von Japanern kleine Vögel, um sich an deren Gesang zu erfreuen. Suzuki fand, ein guter Ort, die Entwicklung des Vogelgesangs zu studieren, müsse eine

der Zuchtanlagen sein, in der Zehntausende von Eiern ausgebrütet wurden, um den immensen Bedarf an diesen Gesangskünstlern zu decken.
Zu seiner Überraschung entdeckte Suzuki, dass die Jungvögel nicht von selbst das Singen lernten. Sie hörten einem Vorsänger, einem älteren Vogel, zu, den ihnen der Züchter zugesellt hatte. Erst nach vielen missglückten Versuchen gelang es den Jungvögeln, so zu singen wie der Vorsänger.
Die Vögel lernten also das Singen nicht aufgrund einer Laune der Natur, sondern dadurch, dass sie den besten Sänger unter ihnen nachahmten und dessen Lieder immer wieder übten.
Suzuki hatte damit etwas entdeckt, das auch für das menschliche Gehirn gilt: Singen und Musizieren sind Fertigkeiten, die durch Kopieren und unablässiges Perfektionieren erworben werden.

Mit diesem neuen Wissen werfen wir nun einen Blick zurück auf das, was sich wahrscheinlich ereignete, als Sie (der hoffnungsvolle Musiker) am Beginn Ihrer musikalischen Entwicklung standen.

Der Tod des Musikers in uns

Versetzen Sie sich wieder in die Zeit, als Sie ein kleines Kind waren. Die im Folgenden geschilderten Situationen haben Sie vielleicht auch aus Ihrem Leben in Erinnerung.

Es ist ein herrlicher Frühlingstag und Sie spielen mit Ihren Freunden in einem Park. Überall blüht es, und die Vögel zwitschern. Es gibt Sandkästen, Schaukeln, Rutschen, Klettergerüste und viele andere Dinge, die Spaß machen. Überall sind Leute, die sich unterhalten, ihre Hunde ausführen oder einfach nur in der Sonne liegen.

Durch diese berauschende Atmosphäre sind Sie freudig erregt. Sie toben mit Ihren Freunden herum und experimentieren dabei mit dem fantastischen Musikinstrument, das Sie vor kurzem entdeckt haben: Ihrer Stimme. Sie bringen Töne hervor, die so hoch sind, dass sie kein Opernsänger erreicht. Sie versuchen herauszufinden, wie lang Sie einen Ton halten können, ohne Luft zu holen. Sie erzeugen verschiedene Klänge und Geräusche. Und natürlich möchten Sie Ihre Freunde in der Lautstärke übertreffen.

Mitten in dieser orgiastischen Aufführung, an der sich die Hunde mit Begeisterung beteiligen, schreiten Ihre Eltern ein und verbieten Ihnen, einen solchen Lärm zu machen. In diesem Moment wird Ihnen eingeimpft, dass das Experimentieren mit Ihrer Stimme etwas ist, das sich nicht gehört.

Am nächsten Tag sind Sie wieder in der Schule. Der Lehrer hat Ihnen eine Aufgabe gestellt, die Sie so in Anspruch nimmt, dass Sie beginnen, eine Melodie vor sich hin zu summen. Plötzlich steht der Lehrer neben Ihnen und ermahnt Sie, bei der Arbeit ruhig zu sein. Noch ein Tiefschlag, der Sie zu der Überzeugung bringt, Musik habe nichts mit Lernen und Kreativität zu tun.

Einige Jahre später – und nach unzähligen langweiligen Musikstunden – wird geprüft, ob Sie sich für den Schulchor eignen. Sie stehen vor der ganzen Klasse, mit steifem Nacken und trockenem Mund, und sollen nachsingen, was der Lehrer auf dem Klavier spielt. Sie bekommen nur ein Krächzen heraus. Daraufhin wird Ihnen nahe gelegt, bei Schulfesten, bei denen alle mitsingen, nur die Lippen zu bewegen – auf keinen Fall einen Ton von sich zu geben.

Trotz dieser Demütigung ist Ihnen noch ein Rest Vertrauen in Ihre Stimme geblieben. Eines Tages legen Sie unter der Dusche mit Ihrem Lieblingslied los. Da steckt Ihr Vater den Kopf zur Badezimmertür rein und brüllt: »Was ist denn das für ein furchtbarer Krach? Hör sofort auf damit!« Nun sind Sie vollends davon überzeugt, unmusikalisch zu sein. Kann es dafür einen besseren Beweis geben als den, dass sogar ein Mensch, der Sie liebt, Ihre Darbietung entsetzlich findet?

Sie wissen dann aus Erfahrung, dass Sie, was die Musik betrifft, ein hoffnungsloser Fall sind. Sind die Beweise aber wirklich stichhaltig? Hätten Sie andere Erfahrungen machen können? Mit anderen Ergebnissen?

Die Wiedergeburt des Musikers in uns

Wie Sie sich bereits denken können, gibt es jede Menge Gegenbeweise. Hier sind sie:

Erster Beweis: die lernenden Vögel

Lassen Sie uns zu Suzuki zurückkehren. Er entdeckte nicht nur, dass die Vögel, die er studierte, ihre Lieder von einem Vorsänger lernten, sondern auch, dass *jeder* Vogel die Fähigkeit besaß, so gut wie der Vorsänger zu singen. Mit anderen Worten, die Jungvögel kopierten und wiederholten nicht nur das Gehörte, sondern entwickelten allmählich einen eigenen Stil. Ohne Anleitung wäre es ihnen jedoch nicht gelungen, eigene Variationen hervorzubringen.

Wenn das ein Vogelgehirn, das im Vergleich zu einem menschlichen Gehirn ziemlich primitiv ist, zuwege bringt, können Sie dies auch. Was Sie benötigen, ist ein »Vorsänger«, der Ihnen eine Orientierungshilfe gibt.

Suzuki setzte seine Theorie in die Tat um, indem er beschloss, kleinen Kindern das Geigespielen beizubringen. Er legte ihnen keine Notenbücher vor, sondern ermunterte sie, darauf zu achten, wie er mit dem Instrument umging. Da dies erstaunlich gut funktionierte, machten es ihm bald andere Musiklehrer nach.

Heute, zu Beginn des 21. Jahrhunderts, haben bereits Hunderttausende Kinder mit Suzukis Methoden gelernt, Geige und andere Instrumente zu spielen. Mit überwältigendem Erfolg. Aber auch mit Erwachsenen gab es nur positive Erfahrungen.

Die Wahrscheinlichkeit, dass Sie der einzige Mensch sind, der nicht auf diese Weise lernen kann, ist also unendlich gering.

Zweiter Beweis: Sie können sprechen, also können Sie auch singen

Ein Kind lernt sprechen durch Nachahmung der Erwachsenen. Es ahmt Klang, Rhythmus, Takt, Tonfall, Modulation, Wörter, Lautstärke, Tempo und Tonhöhe nach. All das sind auch Bestandteile der Musik.

Wenn Sie sich unter Menschen befinden, die eine Ihnen unbekannte Sprache sprechen, haben Sie den Eindruck, dass diese Menschen singen. Dieser Eindruck täuscht nicht. Auch Sie haben Ihr Leben lang gesungen. Sie haben das nur nicht bemerkt, weil es anders genannt wurde: nämlich Sprechen.

Dritter Beweis: Sie spielen bereits ein Musikinstrument

Sie benutzen von Geburt an ein Musikinstrument – Ihre Stimme. Ihre Stimme ist ein erstaunlich kompliziert aufgebautes Musikinstrument. Zu ihm gehören Lippen, Mund, Zunge, Zähne, Kehlkopf, Stimmbänder, Lunge, Muskeln, Schädelknochen und so weiter.

Sie umfasst so viele zusammenwirkende Teile, dass im Vergleich dazu jedes andere Instrument – sei es Violine, Gitarre, Orgel oder Synthesizer – wie ein Kinderspielzeug wirkt. Und Sie haben dieses fantastische Instrument Ihr Leben lang gespielt. Das zeigt, dass Sie von Natur aus ein Musiker sind.

Vierter Beweis: Ihr zweites Musikinstrument

Das zweite Musikinstrument, das Sie schon immer benutzt haben, ist Ihr Ohr. Beim Ohr handelt es sich ebenfalls um ein Instrument, dessen Komplexität und Differenziertheit alles übersteigt, was je von Menschenhand geschaffen wurde. Es setzt sich aus Tausenden von Teilen zusammen und gleicht in seiner kreativen Leistung dem Auge.

Jede Melodie, die Sie jemals nachgesummt haben, jedes Lied und jede Arie, die Sie jemals gehört haben, jeder Pop- oder Rocksong, zu dem Sie jemals getanzt oder geträumt haben, jedes Konzert, von dem Sie begeistert waren, haben *Sie* nachgespielt.

So, wie Ihre Augen Millionen Kunstwerke gemalt haben, haben Ihre Ohren unzählige Kompositionen im Kopf noch einmal erschaffen. Dadurch hat sich Ihr Gehirn eine riesige Musikbibliothek zugelegt, die Sie in die Lage versetzt, an einigen wenigen Takten ein Musikstück zu erkennen.

Die großen Musiker – Naturtalent oder harte Arbeit?

Immer noch herrscht der Irrglaube, den großen Musikern wäre das Komponieren in die Wiege gelegt worden. Nichts könnte weiter von der Wahrheit entfernt sein. Auch in der Musik gilt: Ohne Fleiß kein Preis.

Ludwig van Beethoven

Beethoven kam 1770 nicht als Musiker auf die Welt. Aber er wurde in eine Welt der Musik hineingeboren. Fast seine gesamte Verwandtschaft bestand aus Musikern, und sein Vater scheute keine Mühe, um ihm die bestmögliche Musikausbildung zukommen zu lassen. Infolgedessen ging Beethoven bei einigen der besten Musikern seiner Zeit in die Lehre, unter anderem bei Haydn.

In der Stadt, in der Beethoven lebte, war Musik allgegenwärtig. Es traten Straßenmusikanten auf, es wurden Feste und Konzerte veranstaltet und auch im privaten Kreis wurde viel musiziert. Und natürlich wurde an Sonn- und Feiertagen in der Kirche gesungen.

Beethoven lernte die Sprache der Musik so, wie Sie Ihre Muttersprache lernten. Das klingt zunächst einfach. Wenn Sie jedoch bedenken, wie lang Sie die Schulbank drücken mussten, bis Sie Ihre Sprache perfekt beherrschten, können Sie sich vorstellen, welch harte Arbeit Beethoven leistete.

Wolfgang Amadeus Mozart

Mozart begann ebenso wenig wie Beethoven gleich nach der Geburt, Sinfonien zu komponieren. Er besaß jedoch den unschätzbaren Vorteil, dass sein Vater der Musikdirektor des Erzbischofs von Salzburg war. So verging kein Tag, an dem Mozart nicht erstklassigen Unterricht erhielt. Wie Beethoven war er außerordentlich fleißig. Es wird berichtet, dass er oft 18 Stunden pro Tag arbeitete.

Johann Sebastian Bach

Johann Sebastian Bach, der wie Beethoven und Mozart unzählige großartige Werke schuf, wird oft als »Naturtalent« bezeichnet. In Wirklichkeit war er ein »Arbeitstier«.
Bach wurde 1685 in eine Familie hineingeboren, zu der, wie bei Beethoven und Mozart, großteils Musiker gehörten. Von all diesen Musikern erhielt der junge Johann Unterricht, insbesondere von seinem älteren Bruder Johann Christoph, der ihm beibrachte, verschiedene Tasteninstrumente zu spielen.
Die Familie Bach umfasste um die Jahrhundertmitte bereits 70 Musiker. Das hat keine genetischen Ursachen, sondern ist Ergebnis der Familientradition, musikalisches Wissen untereinander auszutauschen und von einer Generation an die nächste weiterzureichen. Johann Sebastian Bach besaß somit die besten Voraussetzungen für eine musikalische Karriere, musste aber auch gewaltige Anstrengungen unternehmen, um – wie wir heute sagen würden – auf dem neuesten Stand zu bleiben.

Er hatte eine genaue Vorstellung davon, was er leisten wollte. Beispielsweise setzte er sich zum Ziel, jede Woche zusätzlich zu allem anderen eine Kantate (mittellanges Musikstück mit einer Solostimme, die von einem oder mehreren Instrumenten, gelegentlich auch von einem Chor begleitet wird) zu schreiben. Zu seinen Schülern soll er gesagt haben: »Wer so hart wie ich arbeitet, wird auch so viel Erfolg wie ich haben.« »So hart wie ich« bedeutete zwischen zehn und achtzehn Stunden am Tag, und das fast über 60 Jahre hinweg.

Uns liegt nun der unwiderlegbare Beweis vor, dass Sie von Natur aus musikalisch kreativ sind. Im folgenden Kreativitätstraining nehmen Sie an einer Musiksession teil, die Ihnen Spaß machen wird.

Kreativitätstraining

1. Singen Sie

Gewöhnen Sie sich wieder an, in der Badewanne und unter der Dusche zu singen. Sollte sich jemand beschweren, bitten Sie ihn, Ihnen zu zeigen, wie man es besser macht.

2. Tanzen Sie

Tanzen ist der natürliche Ausdruck Ihres Rhythmusgefühls und Ihrer musikalischen Kreativität. Probieren Sie verschiedene Stile aus, von der Klassik bis zum Jazz, von Disco bis

Aerobic. Mit Aerobic tun Sie auch etwas für Ihr Herz und Ihr Gehirn.

Lassen Sie keine Gelegenheit zum Tanzen aus. Experimentieren Sie mit neuen Schritten, Rhythmen und Figuren. Lassen Sie Ihrer Fantasie freien Lauf.

3. Legen Sie sich ein weiteres Instrument zu

Sehen Sie sich in einem Musikgeschäft um. Kaufen Sie sich ein einfaches und handliches Instrument, beispielsweise eine Flöte oder eine Mundharmonika. Wenn Sie mit Rockmusik aufgewachsen sind, wollen Sie wahrscheinlich eine Gitarre. Dagegen ist nichts einzuwenden, da auch ein Anfänger nach kurzer Zeit in der Lage ist, mit diesem Instrument Lieder zu begleiten. Allerdings werden Sie viel üben müssen, um so wie Eric Clapton zu spielen.

Hören Sie sich Musik aus verschiedenen Ländern und Epochen an, um Ihr musikalisches Gehör zu vervollkommnen und Ihre geistige Musikbibliothek zu bereichern. Sie werden bald feststellen, dass alle Völker dieser Welt musikalisch kreativ sind, dass es keine unmusikalischen Menschen gibt und dass die musikalischen Ausdrucksformen keinen Beschränkungen unterliegen.

4. Überwinden Sie Ihre Grenzen

Sie müssen erkennen, dass Ihr Denken Ihre Wirklichkeit und Ihre Grenzen erzeugt. Wenn Sie denken, Sie könnten nicht singen oder kein Musikinstrument spielen, werden Sie dazu auch nicht in der Lage sein. Ihre Grenzen werden absolut sein. Wenn Sie dagegen denken, dass Sie singen können und das Potenzial zum Erlernen eines Instruments besitzen, dann können Sie dies auch. Ihre Grenzen lösen sich in nichts auf.

Dieses Prinzip wird vom brillanten Gründer und Leiter des Boston Philharmonic Orchestra, Professor Benjamin Zander, mit Nachdruck vertreten. Professor Zander hat sich nämlich eine einzigartige und äußerst effektive Methode angeeignet, fortgeschrittene Musikstudenten zur Meisterschaft zu bringen.

Zu Beginn des Jahres heißt er sie herzlich willkommen zu seinem Studienkurs und verkündet, mit entsprechender musikalischer Betonung, er wisse bereits, welche Abschlussnoten sie bekämen.

Vergnügt teilt er den aufmerksam zuhörenden Studenten mit: »Ich garantiere Ihnen, dass jeder von Ihnen eine Eins bekommt.« Und fügt dann hinzu: »Sie beginnen, sich Ihre Eins zu verdienen, indem Sie mir in den nächsten zwei Wochen einen ausführlichen Brief schreiben. Stellen Sie sich vor, Sie hätten Ihr Studium summa cum laude abgeschlossen. Schreiben Sie in diesem Brief, warum Sie eine Eins erhielten, wie viele Stunden Sie dafür arbeiteten, was Ihre Ziele waren und wie Sie diese erreichten, wie Sie Ihre Schwächen überwanden, welche Ratschläge Sie erhielten und wie Sie diese umsetzten, welche wichtigen Lektionen fürs Leben Sie lernten und wie Sie Ihre Studien fortsetzen und an Ihrer Karriere arbeiten werden.«

Jeder Student entwickelte in diesem Brief für sich einen Plan, den er während des Kurses in die Tat umsetzte, und jeder Student erhielt verdientermaßen eine Eins.

Schreiben auch Sie sich auf, wie Ihre musikalische Karriere weitergehen soll.

5. Denken Sie daran, dass Sie ein kreativer Musiker sind

Denken Sie immer daran, dass Sie ein kreativer Musiker sind. Wenn Sie einen Vogel singen hören, sollten Sie daran denken, dass er das Singen durch Nachahmung und Ausdauer gelernt hat. Wenn Sie gehen oder laufen, spielen Sie »Körpermusik«. Wenn Sie an einem Gespräch teilnehmen, singen Sie, oft in Duetten und Quartetten.

Wenn Sie richtig zornig werden, auf den Tisch hauen und zu den Wörtern, die Sie immer lauter brüllen, mit den Füßen auf den Boden stampfen, sollten Sie daran denken, dass jedes Wort so herausgekommen ist, wie von Ihnen beabsichtigt. Um die größte Wirkung zu erzielen, haben Sie ganz bewusst einen bestimmten Rhythmus und eine bestimmte Satzmelodie gewählt und allmählich die Lautstärke anschwellen lassen.

6. Schaffen Sie Gelegenheiten für Musik

Da Sie jetzt wissen, dass Sie ein Musiker sind, sollten Sie jede Gelegenheit ergreifen, die sich dazu eignet, Ihre Kreativität zum Ausdruck zu bringen. Gehen Sie zu Sportereignissen, wo Sie die Vereinslieder oder die Nationalhymne singen können. Gehen Sie in Karaoke-Bars. Lassen Sie sich nicht entmutigen, wenn Ihre ersten Versuche nicht gleich zu Beifallsstürmen führen. Übung macht den Meister.

Singen Sie zur Musik, die auf Partys gespielt wird. Wenn Sie zu Hause sind, sollten Sie die Musik, die Sie sich anhören, mit Ihrem Gesang oder auch mit einem Instrument begleiten.

Veranstalten Sie Jamsessions, wenn Sie kleine Kinder haben. Suchen Sie sich Gegenstände, mit denen sich schöne Klänge erzeugen lassen (Schlüssel, Kochtöpfe, Holzlöffel und so weiter). Kinder begeistern sich für solche Spiele, und auch Sie werden Ihren Spaß haben.

7. Nehmen Sie Unterricht

Für die Suche nach einem Musiklehrer gibt es zwei einfache Regeln: Er muss qualifiziert sein und das Instrument, das Sie lernen möchten, perfekt beherrschen. Und er muss davon überzeugt sein, dass Sie Ihr Ziel erreichen werden, und seine Aufgabe energisch und mit Begeisterung in Angriff nehmen.

Vielleicht gelingt es Ihnen auch, sich einer Musikgruppe anzuschließen. Sie lernen viel schneller, wenn Sie zusammen mit anderen Musik machen. Außerdem macht das viel mehr Spaß als zu Hause allein zu üben.

8. Verbreiten Sie die gute Nachricht

Sie wissen jetzt, dass jeder Mensch von Natur aus musikalisch ist. Geben Sie diese Information weiter.

Wenn wieder einmal einer Ihrer Freunde oder Kollegen behauptet, er sei unmusikalisch, sollten Sie ihm mit dem Wissen, das Sie sich hier angeeignet haben, aus der Einsamkeit und Monotonie seines gesanglosen Gefängnisses heraushelfen. Damit tun Sie auch etwas für Ihr Wohl, da Sie von immer mehr singenden, tanzenden und musizierenden Menschen umgeben sind.

Diese Mind-Map® umfasst die natürlichen musikalischen Fertigkeiten, die in diesem Kapitel behandelten Musiker und einige der Methoden zur Weiterentwicklung der musikalischen kreativen Intelligenz. ▶

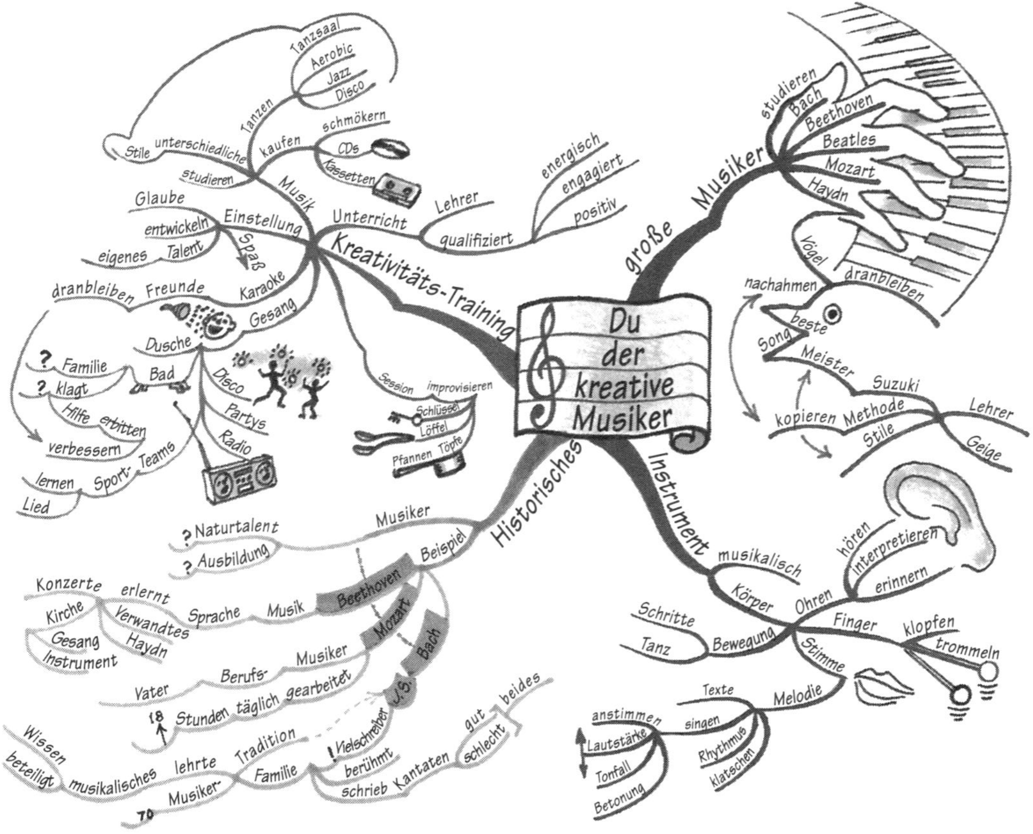

Du der kreative Musiker
große Musiker
studieren
Bach
Beethoven
Beatles
Mozart
Haydn
Vögel
dranbleiben
nachahmen
beste
Song
Meister
Suzuki
kopieren
Methode
Stile
Lehrer
Geige
Instrument
musikalisch
Körper
Ohren
hören
interpretieren
erinnern
Finger
klopfen
trommeln
Stimme
Melodie
Texte
singen
Rhythmus
klatschen
anstimmen
Lautstärke
Tonfall
Betonung
Bewegung
Schritte
Tanz
Historisches
Musiker
Naturtalent
Ausbildung
Beispiel
Beethoven
Mozart
Bach
J.S.
Musik
Sprache
erlernt
Konzerte
Kirche
Verwandtes
Haydn
Gesang
Instrument
Musiker
Berufs-
Vater
gearbeitet
täglich
Stunden
18
Vielschreiber
berühmt
schrieb
Kantaten
gut
schlecht
beides
Tradition
Familie
lehrte
Musiker-
musikalisches
Wissen
beteiligt
70
Kreativitäts-Training
Unterricht
Lehrer
qualifiziert
energisch
engagiert
positiv
Musik
kaufen
schmökern
CDs
Kassetten
Tanzen
Tanzsaal
Aerobic
Jazz
Disco
unterschiedliche
Stile
studieren
Einstellung
Glaube
entwickeln
eigenes
Talent
Spaß
Karaoke
Gesang
Freunde
dranbleiben
Dusche
Bad
Familie
klagt
Hilfe
erbitten
verbessern
Disco
Partys
Radio
Sport-
Teams
lernen
Lied
Session
improvisieren
Schlüssel
Löffel
Pfannen
Töpfe

5 Kreative Produktivität – Das Potenzial von Masse und Geschwindigkeit

Die Produktivität der Kreativität ergibt sich aus der Menge an Ideen, die entstehen, und der Geschwindigkeit, mit der sie hervorgebracht werden. Produktivität ist eines der wichtigsten Ziele aller großen Genies und aller kreativen Denker.

Dieses Ziel scheint ein Problem aufzuwerfen – das der Qualität. Was geschieht mit der Qualität Ihrer Ideen, wenn Sie Ihr Denken beschleunigen und mehr Ideen hervorbringen? Nimmt die Qualität ab, bleibt sie gleich oder nimmt sie zu?

Die Antwort lautet erstaunlicherweise (und zum Glück), dass Masse und Geschwindigkeit die Gesamtqualität der Ideen steigern. Beim kreativen Denken können Sie also zwei Fliegen mit einer Klappe schlagen.

Lassen Sie uns einen Blick auf die großen kreativen Denker werfen, um uns das vor Augen zu führen. Die Produktivität einiger dieser großer Denker ist überwältigend.

- *Marie Curie*, dieser bedeutenden Wissenschaftlerin wurden gleich zwei Nobelpreise verliehen – und sogar auf zwei verschiedenen Gebieten, Physik und Chemie. Sie beschäftigte sich mit Magnetismus, Radioaktivität und der medizinischen Anwendung von Röntgenstrahlen und isolierte die chemischen Elemente Radium und Polonium.

- *Leonardo da Vinci* brachte so viele Ideen auf so vielen verschiedenen Gebieten hervor, dass sie bisher noch nicht gezählt wurden.
- *Charles Darwin* schrieb nicht nur sein mehr als tausend Seiten umfassendes Buch über die Evolution, sondern 119 weitere Bücher und wissenschaftliche Arbeiten.
- *Thomas Edison* meldete 1093 Patente an. Das ist nach wie vor die höchste Anzahl an Patenten, die einer Einzelperson erteilt wurden. Außerdem füllte er mit seinen Ideen 350 Notizbücher.
- *Albert Einstein* veröffentlichte außer seiner genialen Abhandlung über die Relativität 240 andere wissenschaftliche Arbeiten.
- *Sigmund Freud* schrieb und veröffentlichte mehr als 350 Abhandlungen über Psychologie.
- *Goethe*, der große Universalgelehrte, benutzte für sein umfangreiches Werk 50 000 verschiedene Wörter.
- *Garry Kasparow*, der größte Schachspieler aller Zeiten, analysierte und kommentierte Abertausende von Schachspielen. Viele davon konnte er auswendig.
- *Mozart* schrieb in seinem kurzen Leben mehr als 600 Musikstücke, darunter 40 Sinfonien.
- *Pablo Picasso*, dieser kreative Gigant des 20. Jahrhunderts schuf mehr als 20 000 Kunstwerke.
- *Rembrandt*, der sich außer der Kunst mit vielen anderen Dingen beschäftigte, hinterließ etwa 650 Gemälde und 2000 Zeichnungen.

- *William Shakespeare*, der als größter englischer Poet aller Zeiten gilt, schrieb in weniger als 20 Jahren 154 Sonette und 37 Dramen.

Diese Liste räumt mit der falschen Vorstellung auf, Genies würden nur einige überragende Ideen hervorbringen und dann ihren (kreativen) Schwung verlieren. Offensichtlich trifft das Gegenteil zu: Sie entwickeln Unmengen von Gedanken, steigern ihre Produktivität mit zunehmendem Alter und beziehen ihre kreative Energie aus dem, was sie bereits geschaffen haben.

Bei diesen Genies folgte aber beileibe nicht eine perfekte Idee auf die andere. Sie ließen ihre Ideen einfach sprudeln. Viele davon waren nicht besonders brillant, aber in der schieren Menge fand sich immer auch ein Juwel.

Das Prinzip ist ganz einfach: Je mehr Ideen, desto mehr gute Ideen. Die Genies ließen einen Austausch zwischen linker und rechter Gehirnhälfte zu und setzten somit einen synergetischen »multiplizierenden« Denkprozess in Gang, wie er für all jene, die ihre Gehirnzellen zu nutzen wissen, typisch ist.

Auch hier bietet Leonardo da Vinci ein ausgezeichnetes Beispiel: In seinen Notizbüchern kann man sehen, wie er mit den Gedanken, die ihm zuflogen, so lang herumspielte, bis er auf eine geniale Lösung kam.

Auch bei Thomas Edison kann man diese Beobachtung machen. Für ihn bedeutete Kreativität eine Kombination aus

Spiel und harter Arbeit. Genialität bezeichnete er als »ein Prozent Inspiration und neunundneunzig Prozent Perspiration«. Diesem Motto blieb er immer treu. Er führte 9000 Experimente durch, um die Glühbirne zu perfektionieren, und mehr als 50 000, um die elektrische Batterie zu entwickeln.

Ein eindringliches Beispiel für Edisons Engagement bei der Ausarbeitung neuer Ideen findet sich in seinem Labor in New Jersey, das heute ein Museum ist. In einer Abteilung stehen Hunderte von Schalltrichtern, die sich im Material, in der Form, in der Konstruktion und in der Größe gewaltig voneinander unterscheiden. Nicht wenige davon kommen einem wie Wesen aus einer anderen Welt vor. Die meisten dieser Modelle wurden von Edison verworfen. Heute zeugen sie aber davon, dass Edison so lang nicht locker ließ, bis er eine Lösung fand, die ihn befriedigte.

Seine Einstellung zum »Misslingen« sollte sich jeder von uns aneignen. Als Edison von einem seiner Assistenten gefragt wurde, warum er für seine Glühbirnen unbedingt einen Glühfaden mit längerer Lebensdauer finden wolle, obwohl Tausende von Versuchen missglückt waren, wies Edison ungerührt darauf hin, dass er zumindest entdeckt hatte, was nicht funktioniert. Und erfand letztendlich die Glühbirne, wie wir sie heute alle kennen.

Gold suchen

Die Hervorbringung kreativer Gedanken gleicht dem Goldwaschen. Ein Flussbett enthält viele Kieselsteine, aber nur sehr wenig Gold. Im Fluss der Gedanken ist es nicht anders.

Wenn wir bei diesem Bild bleiben, stehen die Kieselsteine für all die Gedanken, die Ihnen zufliegen. Zum Auffinden der Nuggets (der weiterführenden Idee oder der Lösung) müssen Sie *alle* Kieselsteine (Ideen) durchsieben, die im Flussbett Ihres Geistes liegen. Die großen Genies wussten dies und brachten daher zahllose Gedanken hervor, aus denen sie die Nuggets herauspickten. Dean Keith Simonton kam in seiner Studie über 2036 Wissenschaftler zu einem Ergebnis, das uns jetzt nicht mehr überrascht: Diejenigen Wissenschaftler, die die meisten bahnbrechenden Arbeiten schrieben, brachten auch mehr untaugliche Ideen hervor als ihre Kollegen.

Nun kennen Sie das Geheimnis der kreativen Produktivität. Je schneller Sie Ideen generieren, umso mehr verbessern Sie die Qualität Ihres Denkens.

Kreativitätstraining

1. Beschleunigen Sie Ihr Denken

Die meisten Menschen denken mit »normaler« Geschwindigkeit, was am unteren Ende ihrer tatsächlichen Leistungsfähigkeit liegt. Bereits dadurch, dass Sie darauf achten, wie schnell Sie denken, können Sie das Tempo Ihrer Kreativität allmählich steigern.

2. Denken Sie daran, dass Sie unendlich viele Ideen generieren können

Erinnern Sie sich an die »FUN«-Übung in Kapitel 2? Oder an die Frage »Bewahren Sie daheim Zeitungen, Zeitschriften und Bücher auf, die Sie schon immer einmal lesen wollten, dafür aber nie die Zeit gefunden haben?« in der Einführung? Und die vielen Ausreden, die Sie sich ausdachten, um dieses Vorhaben immer wieder vor sich her zu schieben? Fallen Ihnen weitere Aufgaben ein, vor deren Erledigung Sie sich erfolgreich drückten?

Blicken Sie zurück auf Ihr Leben und haken Sie all die kreativen Dinge ab, die Sie jemals getan haben. Je deutlicher Sie sich Ihrer unendlichen kreativen Kräfte bewusst werden, umso weiter öffnen sich die Schleusentore Ihrer kreativen Intelligenz.

3. Stellen Sie schneller Zusammenhänge her

Auf den Seiten 102 und 103 finden Sie mehrere Schlüsselwörter für ein Kreativitätsspiel. Suchen Sie sich Wortpaare aus und stellen Sie Assoziationen her.

Versuchen Sie auf mindestens fünf Gemeinsamkeiten zu kommen. Die dürfen auch weit hergeholt sein. Wenn Sie zehn Gemeinsamkeiten finden, sind Sie bereits weit über dem Durchschnitt. Mit fünfzehn sind Sie außergewöhnlich,

Fluss

Sohn

Orange

Vogel

Schwert

Nagel

Topf

Raumschiff

Kugelschreiber

Mund

Glühbirne

Blatt

Mond

Bus

Frosch

Käfer

Stein

Sonne

Uhr

Gitarre

Brust

und mit zwanzig beweisen Sie bereits Genialität. (In Kapitel 7 finden Sie mehr Informationen über das Gehirn und seine Assoziationsfähigkeit.)

4. Vergrößern Sie Ihren Wortschatz

Lernen Sie jeden Tag mindestens ein neues Wort. Auf diese Weise erhalten Sie mit der Zeit immer mehr Anknüpfungspunkte für Ihre Assoziationen: Punkte, von denen aus Sie starten können, und Punkte zum Ansteuern. Dadurch kommen Sie auf viel mehr neue Ideen als zuvor.

5. Zeichnen Sie unter Zeitdruck

Spielen Sie das zweite künstlerische Kreativitätsspiel von Seite 71f. einmal pro Woche oder Monat, aber mit einem Zeitlimit. Bei jeder Wiederholung sollte weniger Zeit vergehen, bis Ihre Zeichnung Gestalt annimmt. Diese Übung trägt außerordentlich dazu bei, Ihre geistigen Muskeln in Bestform zu bringen.

6. Individuelles Brainstorming

Wenn Sie eine Entscheidung treffen müssen, sollten Sie Ihren Gedanken freien Lauf lassen. Generieren Sie so viele Ideen wie Sie können, so schnell wie Sie dies können, ohne gleich zu bewerten, ob diese Ideen gut oder schlecht, tauglich oder untauglich sind. Die Angewohnheit, jede Idee sofort auf den Prüfstein zu legen, stellt die sicherste Methode dar, jede Kreativität im Keim zu ersticken.

7. Brainstorming in der Gruppe

Hier ist die gleiche Vorgehensweise wie beim individuellen Brainstorming zu empfehlen, abgesehen davon, dass eine Atmosphäre geschaffen werden muss, in der jeder seine Gedanken, so abstrus diese auch sein mögen, ungestört äußern kann.

Falls doch einer der Teilnehmer mit Kritik dazwischenfunkt, können Sie vermittelnd wirken, indem Sie sagen: »Das ist auch eine tolle Idee. Mit der beschäftigen wir uns später, wenn wir erst einmal alle Ideen gesammelt haben.«

8. Gönnen Sie sich Auszeiten

Überlegen Sie sich noch einmal, wo Sie sich aufhalten, wenn Sie auf neue Ideen kommen, wunderbare Erinnerungen an Ihnen vorbeiziehen und Ihnen Lösungen zu Problemen einfach so zufliegen. Das geschieht doch meist dann, wenn Sie entspannt und allein sind.

Zur Steigerung Ihrer kreativen Agilität sollten Sie daher regelmäßig Gelegenheiten schaffen, bei denen Ihr Körper zur Ruhe kommt und Ihrem Geist Flügel wachsen. In der Ruhe liegt die Kraft.

9. Führen Sie Mind-Map®-Notizbücher

Halten Sie überall, wo Ihnen Gedankenblitze kommen, Notizbücher bereit – am Bett, auf dem Schreibtisch, im Auto etc. Oder stecken Sie immer für unterwegs ein Notizbuch ein. Notieren Sie sich all Ihre kreativen Ideen schnell in Form von Mind-Maps® (siehe Kapitel 2). Sie werden feststellen, dass allein das Mitführen oder das Vorhandensein eines Notizbuchs Ihre Kreativität anregt, so wie auf einer Party angebotene Snacks zum Knabbern verführen.

10. Setzen Sie sich Ziele

Bei einer herkömmlichen Brainstorming-Session versucht der Einzelne auf sieben bis zehn und die gesamte Gruppe auf etwa einhundertzwanzig kreative Ideen zu kommen.

Wenn Sie sich selbst 20 bis 40 und als Gruppe 200 bis 400 Ideen zum Ziel setzen, zwingen Sie Ihr Gehirn, mehr Ideen als sonst zu generieren. Und je mehr Ideen Sie hervorbringen, umso eher finden Sie das Gold.

Diese Mind-Map® enthält die großen Denker, mit denen Sie in diesem Kapitel bekannt gemacht wurden, mehr Informationen über die Gehirnhälften und viele Methoden zur Steigerung der kreativen Produktivität. ▶

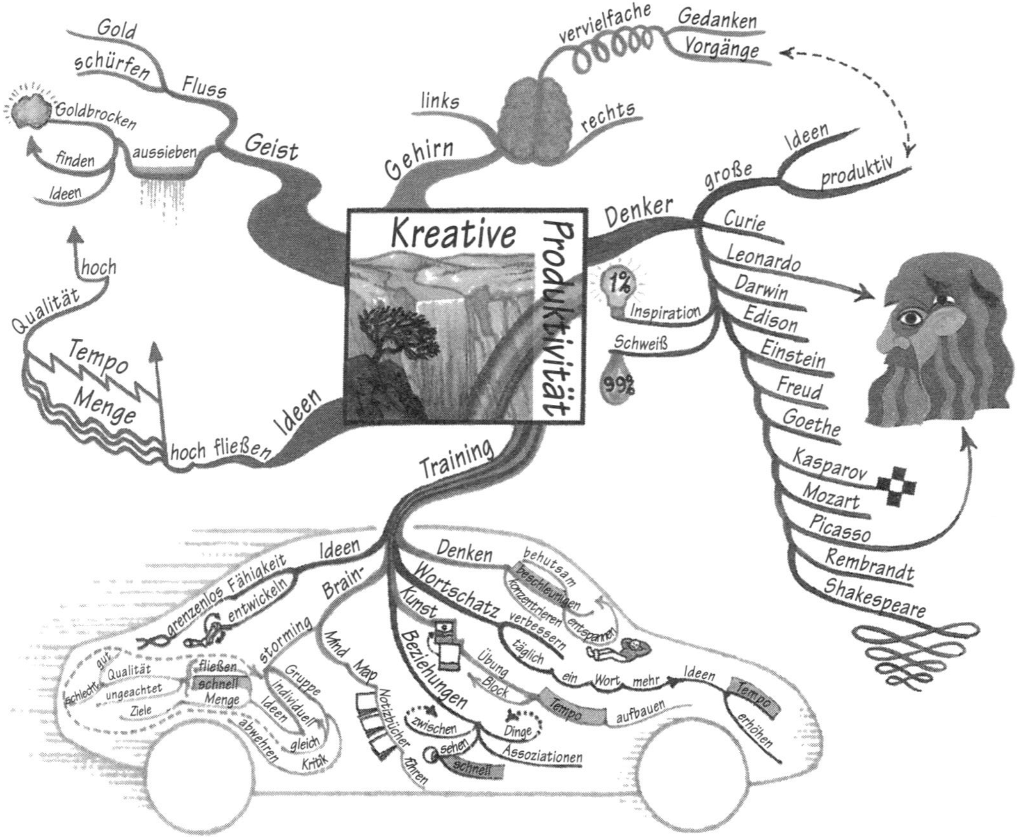
Kreative Produktivität
Geist
Fluss
schürfen
Gold
aussieben
Goldbrocken
finden
Ideen
Gehirn
links
rechts
vervielfache
Gedanken
Vorgänge
Denker
große
Ideen
produktiv
Curie
Leonardo
Darwin
Edison
Einstein
Freud
Goethe
Kasparov
Mozart
Picasso
Rembrandt
Shakespeare
1%
Inspiration
Schweiß
99%
Ideen
hoch fließen
Menge
Tempo
Qualität
hoch
Training
Ideen
Fähigkeit
grenzenlos
entwickeln
Brain-
storming
Gruppe
individuell
Ideen
gleich
Kritik
abwehren
fließen
schnell
Menge
Qualität
gut
schlecht
ungeachtet
Ziele
Mind Map
Notizbücher
führen
Denken
behutsam
beschleunigen
konzentrieren
entspannen
Wortschatz
verbessern
täglich
ein Wort mehr
Ideen
Tempo
erhöhen
Kunst
Übung
Block
Tempo
aufbauen
Beziehungen
zwischen
Dinge
sehen
schnell
Assoziationen

6 Flexibilität und Originalität – zwei kreative Kräfte

Erweitern Sie Ihre Flexibilität und Originalität

Flexibilität im kreativen Denken gleicht körperlicher Beweglichkeit. Sie bedeutet, dass Ihr Geist in der Lage ist, sich gewandt und mühelos in jede beliebige Richtung zu bewegen.

Kreative Originalität sagt etwas darüber aus, wie anders, wie einzigartig, wie ungewöhnlich und wie ausgefallen Ihr Denken ist.

In diesem Zusammenhang lohnt es sich, über das Wort »exzentrisch« nachzudenken. Wortwörtlich bedeutet es »außerhalb der Mitte«. Ein Exzentriker ist also jemand, der vom Normalen abweicht. Beim kreativen Denken ist das Abweichen vom üblichen Trott der springende Punkt. Man erreicht dies auf dreierlei Weise:

1. Unterschiedliche Standpunkte einnehmen

Die meisten Menschen sehen alles nur von einem Standpunkt aus – ihrem eigenen. Ein kreativer Geist ist dagegen dazu fähig, alles aus unendlich vielen Blickwinkeln zu betrachten. Diese Fähigkeit ist in vielen Lebensbereichen unabdingbar, wenn man Großes leisten will. Die folgenden Beispiele aus Dichtung, Schauspielkunst, Erziehung und Politik verdeutlichen dies eindrucksvoll.

Ted Hughes

Ted Hughes war einer der ganz großen Naturdichter. Er zeichnete sich dadurch aus, dass er nicht *über* die Natur schrieb, sondern in seinen Gedichten den Standpunkt der Lebewesen (Füchse, Stiere, Jaguare, Vögel, Fische und so weiter) einnahm.

Die folgenden Zeilen zeigen, wie sich Hughes in einen Lachs hineinversetzte, der sich auf dem Höhepunkt seiner Vitalität befindet.

Durch wogende Energie, schwerelos,
Im Kampf gegen die Strömung
Beim Verlassen des Meers,
    auf dem Weg zu Liebe und Tod,
Mit dem Salz des Meers und des Lebens im Blut
Bewege ich mich wie Licht durch das Wasser.

Jodie Foster

Jodie Foster hat ihr ganzes Leben lang als Schauspielerin gearbeitet – ein Beruf, in dem man in erster Linie die Fähigkeit besitzen muss, in eine andere Person hineinzuschlüpfen. Sie trat in einem Werbespot auf, als sie erst drei Jahre alt war, und wurde bereits mit 14 für ihre Rolle in *Taxi Driver* für ihren ersten Oscar nominiert. In den letzten 30 Jahren ist sie in

fast 50 Rollen aufgetreten, am unvergesslichsten als Opfer in *Angeklagt* und als Spezialagentin Starling in *Das Schweigen der Lämmer.*
Jodie Foster kann sich nicht nur in zahllose unterschiedliche Charaktere hineindenken. Im letzen Jahrzehnt änderte sie ihre Blickrichtung, indem sie sich hinter die Filmkamera stellte, um selbst Filme zu machen, für die sie übrigens höchstes Lob erhielt. Außerdem betrachtet sie das Leben aus ganz verschiedenen Perspektiven: aus der einer Yale-Absolventin, aus der einer Mutter und aus der einer cleveren Geschäftsfrau.

Maria Montessori

Vor etwas mehr als hundert Jahren kam in Italien eine junge Frau, Maria Montessori, auf eine geniale Idee, nachdem sie bereits die außergewöhnliche Leistung vollbracht hatte, als erste Italienerin einen akademischen Grad in Medizin zu erringen.
Montessori interessierte sich besonders für Kinder. Bei ihren Besuchen in Kindergärten und Grundschulen machte sie eine Entdeckung, mit der sie die Vorstellungen von Erziehung grundlegend veränderte.
Sie entdeckte, dass in Schulen alles ohne Ausnahme auf *Erwachsene* ausgerichtet war. Die Stühle und Tische waren viel zu groß und schwer. Es herrschte strenge Ordnung – für die Verhaltensregeln galt das Militär als Vorbild. Alles war einfarbig, und es gab keine Pflanzen und Tiere. Fragen zu stellen war verboten, Schwätzen wurde streng bestraft. Es wurde

nur Lesen, Schreiben und Rechnen unterrichtet. Von Kreativität keine Spur.

Maria Montessori versetzte sich in die kleinen Schüler hinein – und schuf für sie ein neues Universum. In Montessori-Schulen ist die Größe der Stühle, Pulte und Tische den Schülern angepasst. Die Klassenzimmer sind voller Farben, Düfte und schöner Dinge, auf denen der Blick gern verweilt. Die Natur wird in Form von Pflanzen, Aquarien und Haustieren in die Schule geholt. Die Schüler können sich frei bewegen und werden dazu ermuntert, Fragen zu stellen. Der junge kreative Geist wird in die Lage versetzt, sich zu erforschen, sich zum Ausdruck zu bringen und sich weiterzuentwickeln.

Allein dadurch, dass *ein* Mensch einen anderen Standpunkt einnahm, begann weltweit ein Wandel der Erziehungssysteme.

Alexander der Große

Alexander der Große, der aufgrund seiner niemals endenden Kreativität in der Kriegskunst als größter Feldherr aller Zeiten gilt, beherrschte ebenfalls die Technik, einen anderen Standpunkt einzunehmen – sogar den eines Tiers.

Eines Tages wurde ihm das riesige Pferd Bucephalus vorgeführt, das noch nie geritten worden war. Alle fragten sich, ob der große Alexander nun doch einmal eine Niederlage einstecken musste.

Anders als seine Vorgänger, die den Hengst einfach mit brutaler Gewalt bezwingen wollten, versuchte Alexander, sich in dessen Kopf hineinzuversetzen. Bald bemerkte er, dass Bucephalus Angst hatte – und zwar vor seinem eigenen Schatten. Also wendete er das Pferd so, dass dessen Kopf der Sonne zugewandt war. Sobald der Schatten verschwunden war, wurde Bucephalus merklich ruhiger und Alexander konnte aufsitzen und ihn zähmen.

Martin Luther King

Der große Anführer der Bürgerrechtsbewegung in den Fünfziger- und Sechzigerjahren des letzten Jahrhunderts kämpfte unermüdlich für soziale Gerechtigkeit und die Beendigung der Trennung und Diskriminierung der Rassen in Amerika. Sein Charisma und seine mitreißenden Reden inspirierten Zehntausende von Menschen in Amerika und auch in anderen Teilen der Welt, an gewaltfreien Aktionen teilzunehmen, um an das Gewissen derjenigen zu appellieren, die an den Hebeln der Macht saßen.

King besaß ein Talent dafür, sich in andere Menschen hineinzuversetzen. In arbeitslose Schwarze, denen nur die miesesten Jobs angeboten wurden, in weiße Arbeiter, die nicht mehr wussten, wie sie ihre Familie ernähren sollten, und in Politiker und Präsidenten, die ihre Wähler zufrieden stellen wollten. Er erreichte deshalb so viel, weil er die Ansichten und Probleme seiner Mitmenschen zu seinen eigenen machen konnte.

2. Kreative Verbindungen herstellen

Außer der Fähigkeit, unterschiedliche Standpunkte einzunehmen, konnten die großen Geister auch Dinge auf völlig neuartige Weise miteinander verbinden. Dies sei wieder mit einigen Beispielen verdeutlicht.

Isaac Newton

Jeder kennt die Geschichte, dass Isaac Newton die Gravitationsgesetze entdeckte, als ihm ein Apfel auf den Kopf fiel. Dies ist jedoch ein Märchen. Was tatsächlich geschah, ist viel interessanter.

Wie Newton selbst berichtet, wurde er zu seiner Theorie angeregt, als er einen Apfel von einem Baum fallen sah (nicht auf seinen Kopf!), während er den Mond betrachtete.

Die einfache, kindliche Frage, die er sich stellte, lautete: »Warum fällt ein Apfel auf die Erde, aber der Mond nicht?« Das führte ihn zu der Überlegung, ob für den Apfel und den Mond die gleichen physikalischen Gesetze gelten. Es war also die Herstellung einer Verbindung zwischen diesen beiden sehr verschiedenen »Kugeln«, die Newtons kreativen Denkprozess in Gang setzte und schließlich zur Ausarbeitung der Theorie führte, auf der auch heute noch ein Großteil der Naturwissenschaft und Technik beruht.

Gregor Mendel

Der österreichische Mönch und Botaniker Gregor Mendel (1822–1884) verbrachte viele Stunden im Garten seines

Klosters, in denen er vor sich hin träumte und die vielen schönen Farben der Wickenblüten bewunderte. Dabei entdeckte er eines Tages einen außergewöhnlichen *Zusammenhang.* Das Auftreten der verschiedenen Farben schien einer einfachen mathematischen Reihe zu entsprechen.
Auf Grundlage dieser einfachen und brillanten Beobachtung gelang es Mendel, seine Vererbungslehre (warum und mit welcher Wahrscheinlichkeit ein Kind blaue oder braune Augen bekommt etc.) auszuarbeiten, die letztendlich die milliardenschwere Industrie hervorbrachte, die uns heute als Gentechnik bekannt ist.

Leonardo da Vinci

In diesem Zusammenhang muss natürlich auch Leonardo da Vinci erwähnt werden, da eine seiner Stärken das Aufdecken völlig neuer Zusammenhänge war. Beispielsweise bemerkte er, dass ältere Laubschichten dunkler waren als neue. Diese Beobachtung brachte er in Zusammenhang mit den unterschiedlich gefärbten Schichten, die an Klippen und Berghängen zu sehen sind. Und schuf damit eine Grundlage für die Wissenschaft der Geologie.

3. Dinge auf den Kopf stellen

Eine weitere interessante Methode, neue Kombinationen zu finden, ist die kreative Kunst der *Umkehrung.* Dabei handelt es sich einfach darum, das Gegenteil von dem anzunehmen, was allgemein als richtig gilt. Sie werden bemerken, dass Sie dadurch oft zu außergewöhnlich nützlichen und einzigartigen Ergebnissen kommen.

Mohammed Ali

Viele Menschen betrachten Mohammed Ali als den größten Sportler der letzten 100 Jahre. Ali wusste genau, wie er sich die kreative Denkmethode der Umkehrung zunutze machen konnte.
Alle waren der Meinung, große schwere Männer könnten nicht tänzeln – er tänzelte.
Alle waren der Meinung, beim Boxen gehörten die Hände nach oben – Ali ließ sie hängen.
Alle waren der Meinung, schwere Männer seien langsam – Ali entwickelte sich zum schnellsten Boxer aller Zeiten.
Es war Mohammed Alis Fähigkeit, traditionelles Denken auf den Kopf zu stellen, mit der er seinen Sport auf der ganzen Welt populär machte.

Dick Fosbury

Nach diesem Prinzip ist in den Sechzigerjahren des letzten Jahrhunderts auch der junge amerikanische Hochspringer Dick Fosbury vorgegangen. Ihm war wie allen anderen beigebracht worden, mit dem Gesicht und dem Bauch nach unten über die Stange zu hechten. Er fragte sich: »Was passiert, wenn ich *anders herum* drüberspringe?«
Was sich zeigte, war, dass er höher hinaus kam als alle anderen. Einfach durch Umkehrdenken entdeckte er eine Technik,

die seine Sportart revolutionierte und heute von allen Hochspringern angewandt wird.

Michelangelo

Michelangelo, wahrscheinlich der größte Bildhauer der Geschichte, praktizierte ebenfalls das Umkehrdenken. Zu seiner Zeit (und zum Teil auch heute noch) glaubten die meisten Bildhauer, ihre Arbeit bestehe darin, einem Marmorbrocken eine Form zu verleihen. Michelangelo dagegen ging davon aus, dass der Stein bereits die perfekte Form enthielt. Er sah es als seine Aufgabe an, durch Wegmeißeln des überflüssigen Marmors die bereits vorhandene Form aus ihrem steinernen Gefängnis zu befreien.

Durch diese Denkweise gelang es Michelangelo, sich seine Arbeit bedeutend zu erleichtern. Er musste dem widerspenstigen Stein nicht seinen Willen aufzwingen, sondern konnte einfach die unter der Oberfläche liegende Schönheit zum Vorschein kommen lassen.

Jetzt haben Sie ein Gespür dafür gewonnen, wie Sie durch Wechseln des Standpunkts, Herstellung neuer Verbindungen und Umkehrdenken erstaunliche neue Ideen kreieren können. Dadurch werden Sie ungewöhnlicher, origineller und einzigartig. Sie werden zu jemandem, der als besonders kreativer Mensch, ja als Genie angesehen wird.

Kreativitätstraining

1. Hören Sie zu

Wenn jemand Ihnen etwas erklärt oder seine Ansicht zu einem Problem darlegen will, sollten Sie nicht nur darauf achten, was er sagt, sondern auch darauf, was er ist. Versuchen Sie, von seinem Standpunkt aus zu sehen, was er zu erklären versucht. Wenn Ihnen das gelingt, werden Sie bald als guter Zuhörer gelten, als interessierte und interessante Persönlichkeit, als jemand, der vertrauenswürdig ist und in dessen Gesellschaft man sich wohl fühlt. Dadurch erinnern Sie sich außerdem besser an das, was gesagt wurde, und üben sich darin, die Dinge aus verschiedenen Perspektiven zu sehen.

2. Schlüpfen Sie in eine andere Rolle

Dies bedeutet nicht nur, sich mit den Ansichten anderer Menschen auseinander zu setzen. Versuchen Sie auch, die Welt vom Standpunkt anderer Lebewesen aus zu betrachten, wie es Ted Hughes tat. Benutzen Sie Ihre Vorstellungskraft auch, um sich in Gegenstände hineinzudenken, beispielsweise in den Löffel, mit dem Sie Ihr Müsli essen. Wie sieht die Welt aus der Perspektive des Balls aus, den Sie werfen wollen? Wie sieht die Welt aus der Perspektive des Huts aus, den Sie aufsetzen? Wie sieht die Welt aus der Perspektive des Autos aus, das Sie fahren? Wie sieht die Welt aus der Perspektive des Insekts aus, das Sie beobachten? Wie sieht die Welt aus der Perspektive eines Sterns am Himmel aus?

3. Krempeln Sie Ihr Leben um

Führen Sie sich Ihr Leben vor Augen und überlegen Sie sich, wie Sie alles ändern könnten. Durch diese Übung erscheint Ihnen das, was Sie sind und was Sie tun, in einem völlig neuen Licht. Sie erkennen, was sich bewährt hat, und was geändert werden muss. Denken Sie dabei an Ihre Kleidung, Ihre Freunde, Ihre Essgewohnheiten, Ihre Aufenthaltsorte sowie Ihre kulturellen und sportlichen Aktivitäten. Versuchen Sie, vor dem Frühstück ins Fitness-Studio zu gehen, wenn Sie das zuvor immer am Abend getan haben. Vertauschen Sie die Zimmer, sodass Sie im Wohnzimmer schlafen und im Schlafzimmer wohnen.

Wahrscheinlich werden Sie sich entschließen, vieles so zu lassen, wie es ist. Sie werden aber bemerken, dass manche Änderungen zu einem glücklicheren, kreativeren und erfüllteren Leben führen.

4. Probieren Sie neue Kombinationen aus

Gestalten Sie Ihre Wohnung und Ihren Tagesablauf um. Dekorieren Sie ein Zimmer in Farben und mit Materialien, die Sie sonst nicht verwenden würden. Stellen Sie die Möbel um, legen Sie sich ein neues Hobby zu und erweitern Sie Ihren Bekanntenkreis.

5. Lernen Sie, gut Witze zu erzählen

Wenn Sie einmal darüber nachdenken, kommen Sie darauf, dass die besten Witze diejenigen sind, in denen zwei unzusammenhängende Dinge auf eine neuartige und komische Weise miteinander verbunden werden oder eine gesellschaftliche Norm so auf den Kopf gestellt wird, dass sie unlogisch und deshalb lächerlich wird. Je mehr Sie daher mit Menschen zusammen sind, die Sinn für Humor haben, umso besser ist das für Ihr kreatives Denken.

6. Üben Sie, Verbindungen herzustellen

Nehmen Sie zwei beliebige Dinge, die nichts miteinander zu tun haben, und versuchen Sie, einen witzigen Zusammenhang herzustellen.

Wie würden Sie beispielsweise den Boxsport mit Insekten in Verbindung bringen. Mohammed Ali ist dies mit dem Satz »Beweg dich wie ein Schmetterling, stich zu wie eine Biene!« gelungen.

7. Verbinden Sie Ihre verschiedenen Aktivitäten

Thomas Edison ist hierfür ein ausgezeichnetes Beispiel. Sein Versuchslabor war eine riesige Halle, in der viele Bänke und Stühle für seine diversen Projekte standen. Er gestaltete seine Werkstatt auf diese Weise, damit er jedes seiner Projekte – im Geist – mit allen anderen verbinden konnte. Das Ergebnis *eines* Experiments könnte ja unerwartete Auswirkungen auf andere Vorhaben haben. Damit war Edison so erfolgreich, dass er heute als der Erfinder des Verfahrens zum Erfinden gilt.

Diese Vorgehensweise trägt dazu bei, dass Ihr Leben mit

der Zeit ein organisches Ganzes bildet, und gibt Ihnen Gelegenheit, es kreativ zu erweitern.

8. Spielen Sie neuartige Kombinationsspiele

Bitten Sie auf Partys oder bei festlichen Gelegenheiten alle Teilnehmer, zwischen Dingen, die in einer bestimmten Situation vorkommen, die außergewöhnlichsten Verbindungen herzustellen.

9. Wenden Sie die hier gelernten Techniken an, um weitere ungewöhnliche Ideen hervorzubringen

Blättern Sie dieses Buch durch und stellen Sie neue Assoziationen zwischen den Kapiteln her. Versuchen Sie dann, Ihre Gedanken auf den Kopf zu stellen.

Diese Mind-Map® stellt die drei wichtigsten Techniken zur Steigerung der kreativen Flexibilität und Originalität dar. Außerdem bietet sie einen Überblick über die dazugehörigen Übungen. ▶

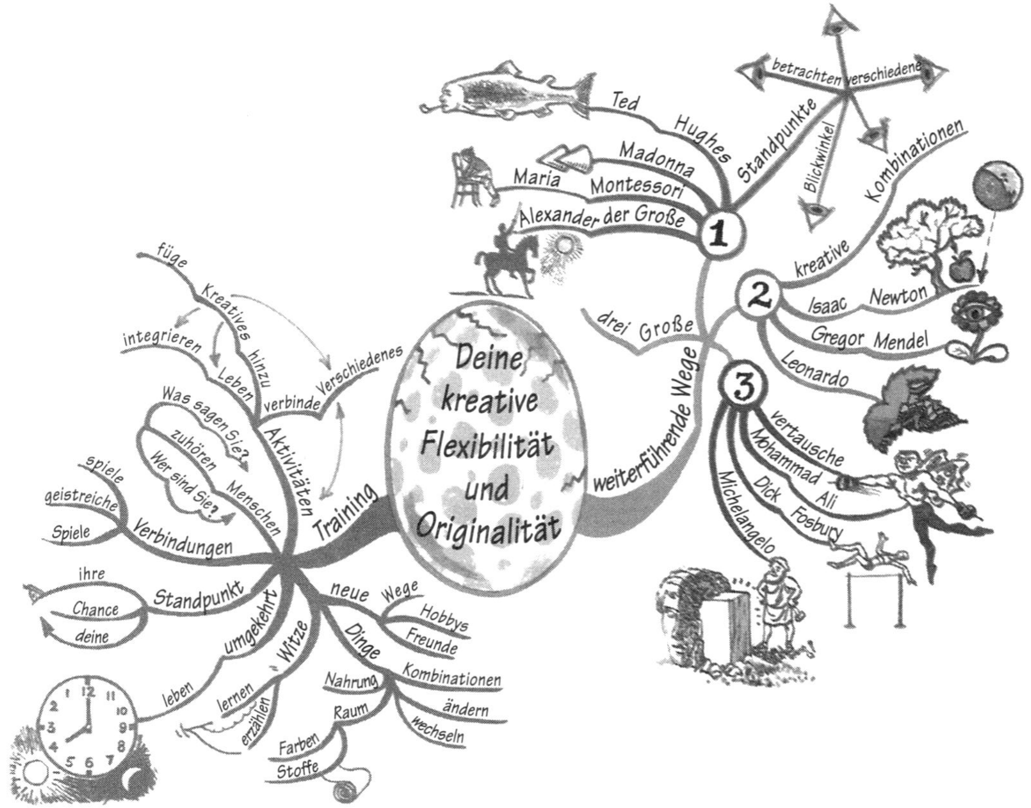
Deine kreative Flexibilität und Originalität
weiterführende Wege
drei Große
1
Standpunkte
betrachten verschiedene
Blickwinkel
Ted Hughes
Madonna
Maria Montessori
Alexander der Große
2
Kombinationen
kreative
Isaac Newton
Gregor Mendel
Leonardo
3
vertausche
Mohammad Ali
Dick Fosbury
Michelangelo
Training
Aktivitäten
verbinde
Verschiedenes
füge
Kreatives
hinzu
integrieren
Leben
Was sagen Sie?
zuhören
Wer sind Sie?
Menschen
Verbindungen
spiele
geistreiche
Spiele
Standpunkt
ihre
Chance
deine
umgekehrt
leben
Witze
lernen
erzählen
neue
Wege
Hobbys
Freunde
Dinge
Kombinationen
ändern
wechseln
Nahrung
Raum
Farben
Stoffe

7 Ihr Gehirn – die ultimative »Assoziationsmaschine«

Alle Gedanken, die in den vorhergehenden Kapiteln besprochen wurden, haben eines gemeinsam – Assoziation. Produktivität, Flexibilität, Originalität und Umkehrdenken beruhen auf diesem magischen Wort. Assoziation ist das Geheimnis, mit dem die großen Genies ihre Leistungen vollbrachten.

Ihr Gehirn arbeitet vor allem assoziativ. Wenn Sie wissen, wie Sie sich dies zunutze machen können, entdecken Sie eine unerschöpfliche Quelle. Es gilt also, durch gezieltes Kreativitätstraining diese Quelle zum Sprudeln zu bringen.

Kreativitätstraining

1. Üben Sie Ihre Produktivität

Gehen Sie in den letzten sechs Kapiteln schnell den Abschnitt Kreativitätstraining durch, und markieren Sie jede Übung, die etwas mit Assoziation zu tun hat, mit einem Stern.

2. Selbsterforschung

Stellen Sie sich bei diesem Assoziationsspiel vor, Sie wären ein Supercomputer. Sie werden gebeten, auf eine Information zuzugreifen und dazu einige Überlegungen und Beobachtungen anzustellen. Wenn Sie auf die Information zugegriffen haben, sollten Sie sich diese durch den Kopf gehen lassen und auf die Assoziationen achten, die Ihnen zufliegen.

Wenn Sie die Information – in unserem Fall ist es ein Name – erhalten haben, stellen Sie sich folgende Fragen:

- Habe ich den Namensträger erfolgreich identifiziert?
- Wie lang habe ich dazu gebraucht?
- Waren die Daten, die ich abgerufen habe, in Form von Wörtern oder Bildern gespeichert?
- Wo war das Bild, auf das ich Zugriff genommen habe?
- Enthielt es Farbe?
- Wenn das der Fall war, woher kam die Farbe?
- Womit sah ich sie?
- Welche Assoziationen strahlten davon aus?

Wenn Sie bereit sind, blättern Sie weiter zu Seite 131, wo Sie in Großbuchstaben einen Namen sehen. Sobald Sie ihn registriert haben, schließen Sie dieses Buch und überlassen sich Ihren Assoziationen. Beantworten Sie dann die Fragen, die Sie eben gelesen haben.

Die meisten Menschen beantworten die erste Frage mit »Ja«. Bei der zweiten Frage schnippen sie mit den Fingern und meinen damit »keine Sekunde«.

Überlegen Sie sich kurz, was dieses Fingerschnippen eigentlich bedeutet. Damit bringen sie zum Ausdruck, dass sie aus ihrer Trillionen von Bits umfassenden Datenbank (all ihren Erfahrungen) in null Komma nichts Dateien entnehmen können. Wenn Sie erklären können, wie das dem Gehirn gelingt, sind Sie bei einer der nächsten Nobelpreisverleihungen dabei.

Wenn Sie dazu noch erklären können, wo genau die Vorstellung von dieser Person die ganze Zeit gespeichert war, erhalten Sie Ihren zweiten Nobelpreis. Und wenn Sie erklären können, wo die Farbe des Bilds, das Sie mit dieser Person verbinden, herkommt und wie Sie dieses Bild sehen können und womit (es können ja nicht Ihre Augen sein), werden Sie mit Nobelpreisen überhäuft.

Selbst wenn Sie nur in einem Lokal oder auf einer Party zwanglose Gespräche führen, vollbringen Sie assoziative Leistungen mit außerordentlich hoher Geschwindigkeit und Effizienz ohne zu realisieren, dass Sie etwas tun, das kein Supercomputer zuwege bringt und kein einziger Wissenschaftler erklären kann.

Ihr Gehirn ist ein Assoziationswunder.

Die Übung, die Sie eben gemacht haben, gleicht der »FUN«-Übung von Kapitel 2 und stellt ein weiteres Beispiel dafür dar, wie Ihr Gehirn geistige Mind-Maps® zeichnet, deren Potenzial unendlich ist.

3. Erstellen Sie Mind-Maps®

Die letzte Übung hat Ihnen gezeigt, dass lineares Notieren nicht nur ein Gefängnis für Ihre unendlich zahlreichen Ideen ist, sondern einer Zensur gleichkommt, die die Gedanken an ihrer Entfaltung hindert. Mind-Maps® regen Sie dagegen dazu an, die Assoziationsuniversen zu erforschen, die Ihr Gehirn erschaffen kann. Benutzen Sie sie.

4. Das Verbundenheitsprinzip

Einer der wichtigsten Meilensteine auf Leonardo da Vincis Weg der Entwicklung zum Genie war sein Verbundenheitsprinzip. Es besagt, dass alles mit allem anderen verbunden ist. Oder wie da Vinci es ausdrückte: »Alles kommt von allem, und alles ist aus allem gemacht, und alles kehrt zu allem zurück.«

Da Vinci gelang es mit seinem Verbundenheitsprinzip, außergewöhnlich tiefe Einblicke in die Beschaffenheit der Welt zu gewinnen. Diese Einblicke wurden zur Grundlage fast aller Bereiche der modernen Wissenschaft.

Sehen wir uns zwei Beispiele für da Vincis Verbindungen an.

- *Erstens:* »Beobachte, wie die Bewegungen einer Wasseroberfläche denjenigen von Haaren gleichen. Eine der beiden Bewegungen von Haaren geht auf deren Gewicht zurück, die andere auf die Wellen und Locken. Auch das Wasser hat Turbulenzen, von denen ein Teil der Kraft des Hauptstroms folgt und ein anderer den Reflexionsgesetzen gehorcht.«
- *Zweitens:* »Wenn ein Stein auf eine Wasseroberfläche trifft, entstehen Kreise, die sich ausdehnen und verschwinden. Auf die gleiche Weise führt die Luft, wenn eine Stimme oder ein Ton erklingt, eine kreisförmige Bewegung aus.«

Folgen Sie da Vinci. Versuchen Sie, zwischen *allem* und *allem* Verbindungen zu entdecken.

5. Das Büroklammerspiel

Nehmen Sie sich für dieses Kreativitätsspiel fünf Minuten Zeit.

Schreiben Sie so schnell wie möglich all die Dinge auf, für die eine Büroklammer nicht verwendet werden kann. Achten Sie darauf, mit der ganzen Kapazität Ihres Gehirns an diese Aufgabe heranzugehen, insbesondere mit dem, was Sie über Ihre unendlichen Fähigkeiten, über Produktivität, Flexibilität, Originalität und Assoziation gelernt haben.

Zählen Sie am Ende der Übung Ihre Ideen zusammen. Machen Sie Kreise um die Ideen, die Ihnen am kreativsten vorkommen. Lesen Sie dann weiter.

Bei herkömmlichen kreativen Denkspielen wird ein Ergebnis von mehr als zehn Ideen als gut angesehen. Ein Ergebnis von mehr als zwanzig gilt als überragend.

Beim Büroklammerspiel kann jedoch sowohl eine hohe als auch eine niedrige Anzahl an Ideen als ausgezeichnetes Ergebnis angesehen werden.

Viele Ideen hervorzubringen ist natürlich gut, da dies beweist, dass Ihre Fertigkeiten, was Produktivität, Flexibilität, Originalität und Assoziation anbelangt, auf einem hohen Stand sind. Aber gerade diese Fertigkeiten können einen inneren Dialog in Gang setzen, der die Produktivität senkt.

Lassen Sie mich dies anhand eines Beispiels erklären. Als

ich in einem meiner Kurse dieses Spiel ausprobierte, meinte eine Teilnehmerin, eine Büroklammer eigne sich auf keinen Fall zum Trinken. Dann kam sie aber darauf, dass man die Büroklammer in eine Flüssigkeit tauchen und ablecken könne. Zwar würde man unter Umständen verdursten, aber im Prinzip könne man auf diese Weise Flüssigkeit aufnehmen.

Wenden Sie sich nun wieder den von Ihnen notierten Ideen zu, vor allem den besonders guten, und beginnen Sie einen inneren Dialog, indem Sie sich fragen: »Könnte ich dafür nicht doch irgendwie eine Büroklammer benutzen?« Diskutieren Sie Ihre besten Ideen mit Ihren Freunden.

6. Ursache und Wirkung

Das Prinzip von Ursache und Wirkung, die Grundlage moderner Wissenschaft, hängt ebenfalls von der erstaunlichen Fähigkeit des Gehirns zur Assoziation ab.

Eine Ursache ist etwas, das mit etwas anderem logisch verbunden ist. Sie können Ihre kreative Intelligenz trainieren, indem Sie sich verschiedene imaginäre »Ursachen« für »Wirkungen« ausdenken. Versuchen Sie beispielsweise, wenn Sie einen zornigen Menschen sehen, auf mindestens zehn Gründe zu kommen, warum dieser Mensch in seiner Situation zornig sein könnte.

Ein Vogelschwarm vollzieht eine plötzliche Wendung am Himmel. Versuchen Sie, fünf Gründe zu finden, warum die Vögel das getan haben.

Wenn Sie Ausschau halten, entdecken Sie unzählige Gelegenheiten für dieses Spiel. Dadurch füllen Sie Ihr Leben mit wunderbaren kreativen Momenten und bereichern Ihre Vorstellungskraft, Ihr kreatives Schreiben und Ihr kreatives Geschichtenerzählen um völlig neue Aspekte. Gute Kriminalschriftsteller gehen auch so vor. Sie denken sich ein sensationelles Ereignis aus und überlegen dann, was dazu geführt haben könnte.

7. Spielen Sie Assoziationsspiele

Ein solches Assoziationsspiel kann beispielsweise darin bestehen, sich zu einem Beruf einen typischen Gegenstand zu notieren. Man schreibt zum Beispiel: Golf – Golfschläger, Schriftsteller – Stift, Fischer – Netz, Putzfrau – Staublappen, Programmierer – Computer, Fußballspieler – Fußball, Polizist oder Polizistin – Streifenwagen, Nachrichtensprecher – Fernsehen, Metzger – Schlachtmesser und so weiter.

Stellen Sie dann Querverbindungen her. Was könnte ein Golfspieler mit einem Staublappen zu tun haben? Was denkt sich ein Fischer oder Schriftsteller, wenn er ein Schlachtmesser sieht?

Dies ist ein vergnügliches Gesellschaftsspiel, an dem jeder mit Begeisterung teilnimmt. Natürlich können Sie auf Grundlage dieses Prinzips unendlich viele neue Spiele erfinden.

8. Trainieren Sie Ihr Gedächtnis mit Assoziationen

Was sind die beiden Eckpfeiler Ihres Gedächtnisses? *Assoziation* und *Imagination*. Ich habe mich in letzter Zeit mit diesen Aspekten des Gehirns und der Intelligenz intensiv befasst und entdeckt, dass Kreativität und Gedächtnis nicht wie oft angenommen wird in Widerspruch zueinander stehen. Sie sind *identisch*. Wenn Sie kreativ sind, assoziieren Sie, um neue Gedanken hervorzubringen. Wenn Sie sich an etwas erinnern, assoziieren Sie, um auf Ideen zuzugreifen, die Sie gespeichert haben.

Wenden Sie daher von nun an alles, was Sie in diesem Buch gelernt haben, an, um die Leistungsfähigkeit Ihres Gedächtnisses zu verbessern. Wenn Sie beispielsweise Ihr Auto parken, sollten Sie sich einen markanten Punkt merken (nicht das Auto davor oder dahinter, sondern etwas Ortsfestes!). Tun Sie dies auch, wenn Sie Ihre Schlüssel, Ihre Brieftasche, Ihren Reisepass, Ihre Tasche, Ihren Mantel oder Ihren Schirm irgendwo ablegen. Assoziieren Sie diesen Gegenstand, dessen Verlust unangenehm wäre, mit seiner Umgebung, und Sie werden sich an diese Umgebung und wo er sich in dieser Umgebung befindet, erinnern.

Menschen, die sich auf Partys anscheinend mühelos an die Namen von Fremden erinnern, wenden oft diese Technik an. Sie assoziieren den Namen und die Person mit etwas, das sie gut im Gedächtnis behalten können.

9. Experimentieren Sie immer und überall mit Assoziationen

Experimentieren Sie wie im Kreativitätstraining des letzten Kapitels mit neuen Kombinationen in Ihrer Ernährung, Ihrer

Kleidung, in Ihrem Freundeskreis, im Urlaub und so weiter. Achten Sie dieses Mal besonders darauf, wie Sie dabei das Potenzial dieser fantastischen und unendlich leistungsfähigen Assoziationsmaschine – Ihres Gehirns – ausschöpfen.

10. »Das Universum und ich«-Spiel

Bei dieser Übung versetzen Sie sich ins Zentrum des Assoziationsuniversums. Suchen Sie sich jeden Tag aufs Geratewohl einen Begriff aus und generieren Sie mindestens fünf Ideen, wie dieser Begriff mit Ihnen zusammenhängt. Beginnen Sie beispielsweise mit:

- Chemie und ich,
- die Sonne und ich,
- der Mond und ich,
- eine Videokamera und ich,
- ein Vogel und ich,
- ein Raumschiff und ich,
- Liebe und ich,
- eine Büroklammer und ich,
- der Planet Erde und ich,
- Farbe und ich.

11. Sie und Tiere

Ein weiteres faszinierendes Assoziationsspiel besteht darin, sich mit möglichst vielen Tierarten (Säugetiere, Vögel, Fische, Reptilien, Insekten) zu vergleichen. Notieren Sie sich jeweils die Übereinstimmungen und Unterschiede. Überlegen Sie sich, welche Tiere Ihnen oder Ihren Idealen am meisten ähneln.

Es macht außerordentlich viel Spaß, dieses Spiel im Freundeskreis zu spielen. Und wenn man unter Menschen ist, die man nicht kennt, ist es eine wunderbare Methode, das Eis zu brechen.

GERHARD SCHRÖDER

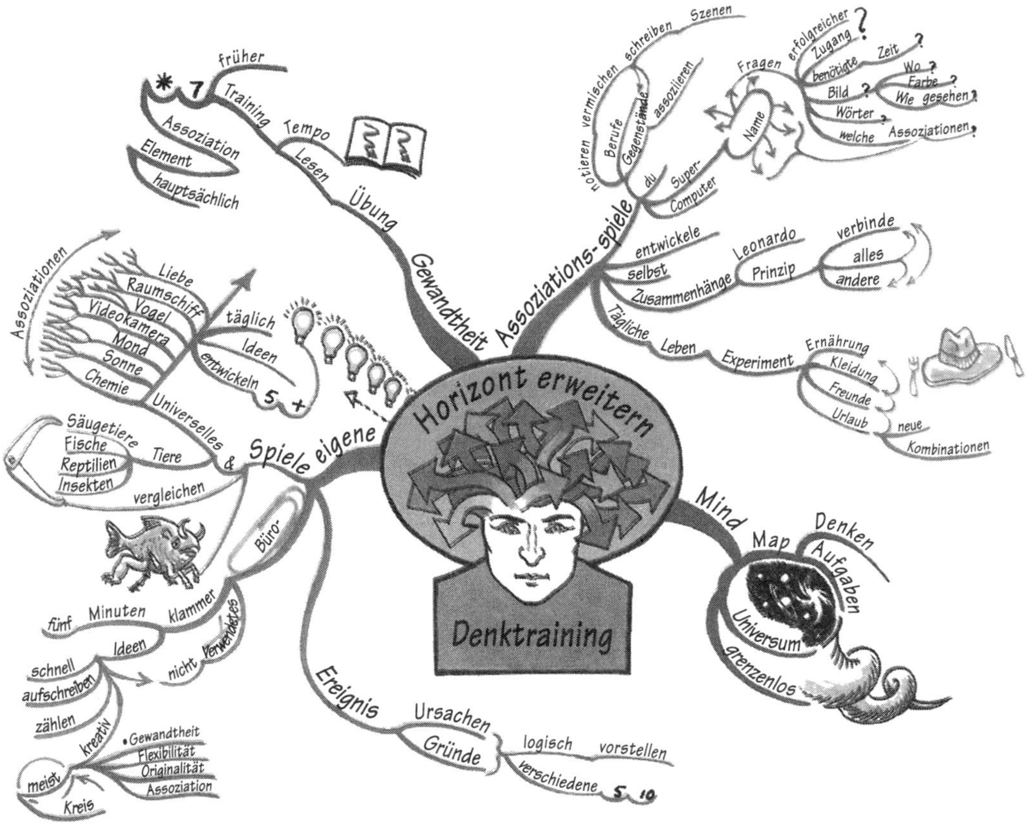

Horizont erweitern
Denktraining
Gewandtheit
Übung
Lesen
Tempo
Training
früher
* 7
Assoziation
Element
hauptsächlich
Assoziations-spiele
notieren
vermischen
schreiben
Szenen
Berufe
Gegenstände
assoziieren
du
Super-
Computer
Name
Fragen
erfolgreicher
Zugang
benötigte
Zeit
Bild
Wo
Farbe
Wie gesehen
Wörter
welche
Assoziationen
entwickele
selbst
Zusammenhänge
Leonardo
Prinzip
verbinde
alles
andere
Tägliche
Leben
Experiment
Ernährung
Kleidung
Freunde
Urlaub
neue
Kombinationen
Mind
Map
Denken
Aufgaben
Universum
grenzenlos
Ereignis
Ursachen
Gründe
logisch
vorstellen
verschiedene
5 10
Spiele eigene
&
Universelles
Liebe
Raumschiff
Vogel
Videokamera
Mond
Sonne
Chemie
Assoziationen
täglich
Ideen
entwickeln
5 +
Tiere
Säugetiere
Fische
Reptilien
Insekten
vergleichen
Büro-
klammer
fünf
Minuten
Ideen
nicht
Verwendetes
schnell
aufschreiben
zählen
kreativ
Gewandtheit
Flexibilität
Originalität
Assoziation
meist
Kreis

8 Shakespeare und Sie – beide sind Poeten

Es gibt eine Technik, die Sie in die Lage versetzt, beliebig viele Gedichte zu schreiben. Sie werden entdecken, dass Sie nicht nur ein künstlerisches und musikalisches Genie sind, sondern auch der geborene Dichter.

Lassen Sie mich zunächst erzählen, wie ich zur Poesie fand. (Zu jener Zeit interessierte ich mich übrigens fast ausschließlich für die freie Natur. Freiwillig nahm ich kein Buch in die Hand.)

Als junge Teenager kümmerten sich meine Freunde und ich überhaupt nicht um Gedichte. Dichter und Poeten hielten wir für melancholische Schwächlinge; ihr Geschreibsel war nur etwas für dümmliche Versager. Wir wollten das Leben spüren.

Hinzu kam, dass unsere Englischlehrerin, ein kränkelndes, altjüngferliches Fräulein, uns das Leben schwer machte. Sie redete uns zum Beispiel mit »Kinder« an (dabei waren wir schon fünfzehn Jahre alt und wussten alles über das Leben). Gedichte rezitierte sie mit langweiliger, monotoner Stimme.

◀ Das vorangegangene Kapitel machte Sie mit der erstaunlichen Assoziationsfähigkeit des menschlichen Gehirns bekannt. Die Mind-Map® fasst das Kapitel zusammen, vergleicht das Gehirn mit dem Universum und zeigt die vielen Spiele, mit denen sich die Assoziationsfähigkeit steigern lässt.

Wenn sie unser Desinteresse bemerkte, nannte sie uns gefühl- und verständnislose Flegel. In den katastrophalen Unterrichtsstunden lernten wir so gut wie nichts.

Eines Tages betrat sie das Klassenzimmer mit einer weiteren Schwarte voller Gedichte in den Händen. Uns schauderte. Entgegen allgemeiner Proteste kündigte sie an, sie wolle uns ihr Lieblingsgedicht vorlesen. Sie sagte: »Ich lese euch jetzt ein Gedicht über einen Vogel vor. Es ist von Alfred Lord Tennyson.«

Wir befürchteten das Schlimmste und protestierten noch lauter.

Was sie vortrug, sollte mein Leben verändern. Das Gedicht, das sie las, widerlegte sämtliche Vorurteile, die sich meine Freunde und ich über Lyrik angeeignet hatten. In ihm manifestierten sich all die kreativen Techniken, die in diesem Buch bislang vorgestellt wurden. Das Werk handelte nicht von irgendeinem Vögelchen, sondern vom König der Lüfte, dem Adler.

DER ADLER

Er krallt sich fest am Klippenrand,
Der Sonne nah in ödem Land,
Vom blauen Luftazur umspannt.

Das Meer, tief unter ihm ergrollt's;
Vom Felsen blickt er frei und stolz,
Und schießt herab, ein Donnerbolz.

Ich war sprachlos. In Sekundenschnelle war aus dem ehemaligen Gedichtehasser ein neuer Mensch geworden. Ich sehnte mich danach, ebenso kraft- und wirkungsvoll alle Bilder, Gedanken und Gefühle, die in meinem Kopf umherschwirrten, zum Ausdruck zu bringen. Obwohl es mir zu jenem Zeitpunkt noch nicht bewusst war, wie wichtig es ist, einem Lehrmeister zu folgen, beschloss ich, mein erstes Gedicht in Anlehnung an mein neues Vorbild Tennyson zu verfassen.

Wenige Tage später bekam ich die Anregung dazu, als ich ein Pier entlangging, das ein beliebter Angelplatz war. Ich ging gerade an einem der Angler vorbei, als dieser einen wunderschönen silbernen und in allen Regenbogenfarben schillernden Fisch an Land zog, ihn auf den eisernen Rost des Stegs legte und ihm mit einer Stange so lang auf den Kopf schlug, bis er nur noch ein wenig zappelte.

Aus nächster Nähe beobachtete ich diesen Kampf zwischen Leben und Tod. Es schien mir, als sähe der Fisch mir genau in die Augen, als er im Sterben lag. Meine Schuldgefühle, das Tier nicht gerettet zu haben, legten den Grundstein für mein erstes Gedicht.

Als ich nach Hause kam, war ich in mehr als einer Hinsicht verändert und brachte mein erstes Poem zu Papier. Ich machte mich auf den Weg zum kreativen Schreiben.

DER FANG

Die Augen, glasig, starrn mich an,
Das Blut um sie herum gerann,
Mit einem Zucken starb er dann.

Der Fisch, einst Gottes Kreatur,
Er ließ im Wasser keine Spur.
Ich geh. Der Angler wirft die Schnur.

Kreativität und Poesie

In der Poesie geht es einfach darum, die Prinzipien der Produktivität, Flexibilität, Originalität und Assoziation im Umgang mit Wörtern anzuwenden. Diese Technik machte sich zusammen mit Mind-Maps® auch Ted Hughes zu Eigen.

Hughes entwickelte eine fantastische Technik zur Erzeugung kreativer Metaphern. Sie beruht auf Mind-Maps® und Mnemotechniken, im Volksmund auch »Eselsbrücken« genannt. Zunächst lehrte er seine Schüler einfache Mnemotechniken, mit denen sie ihre Assoziationsfähigkeit und Vorstellungskraft steigern konnten. Hughes betonte oft, dass besonders bizarre (von der Norm abweichende) bildliche Eselsbrücken zu außerordentlichen Gedächtnisleistungen führten.

Nachdem er die Imagination seiner Schüler aus ihren Fesseln gelöst hatte, konnten sie ihren Einfällen freien Lauf lassen. Dann ließ er sie eine Übung machen, die derjenigen von Seite 102f. gleicht, nämlich scheinbar beziehungslose Wörter miteinander zu verbinden. Er gab seinen Schülern zwei Begriffe vor, die auf den ersten Blick nichts miteinander zu tun hatten (etwa »Mutter« und »Stein«), und ließ sie eine Mind-Map® erstellen, wie im dritten Kapitel beschrieben.

Sobald die Schüler zehn Unterbegriffe zu jedem der beiden Wörter gefunden hatten, bat Hughes sie, einen Unterbegriff des ersten Wortfelds mit den zehn Wörtern des zweiten Wortfelds zu kombinieren. Als Nächstes nahmen sie sich das zweite Wort des ersten Wortfeldes vor und suchten wiederum Assoziationen zu den anderen zehn Wörtern und so weiter. Auf diese Weise gelangten sie zu hundert Assoziationen. Zu jedermanns Erstaunen erwiesen sich viele der gefundenen Assoziationen als außerordentlich ungewöhnlich, fantasievoll und mitreißend.

Die nächste Aufgabe der Schüler bestand darin, hieraus ihre besten Ideen auszuwählen und in kreative, originäre Worte zu kleiden, am besten in Gedichtform.

DANKE

Mit Edelsteinen geschmückt,
Selbst ein gefasstes Juwel.
In ihrer goldnen Krone
Meines Geistes Diamant.

Hughes benutzte gern und häufig das Wortpaar »Mutter« und »Stein«. Auch ich selbst habe diese Übung gemacht und kam dabei zu folgendem Ergebnis.

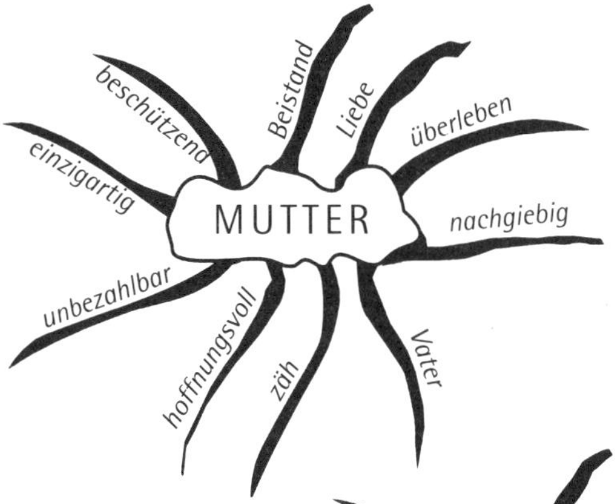

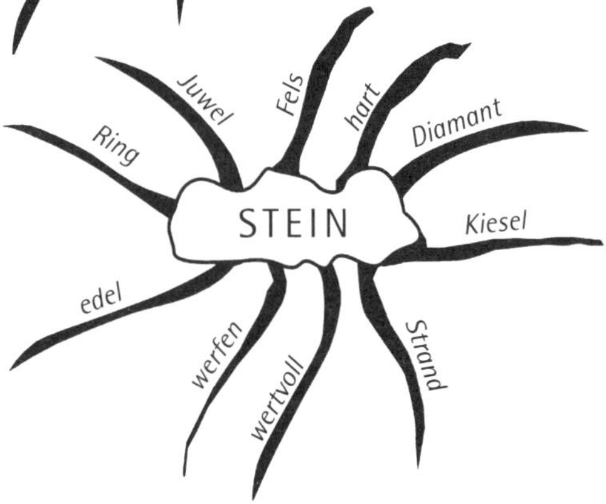

Ebenso gern benutzte Ted Hughes einen »Personenbegriff«, dem er einen »Tierbegriff« zuordnen ließ. Die Vorgehensweise unterscheidet sich nicht von der Mutter-Stein-Übung.

Beginnen Sie beispielsweise mit »Leonardo da Vinci« und »Adler«. Erstellen Sie zwei Mind-Maps® mit jeweils zehn Ästen, assoziieren Sie und schreiben Sie dazu ein kleines Gedicht.

Sie können sich natürlich auch aus einem Lexikon zwei beliebige Wörter herauspicken, um diese Übung zu machen und kreatives Schreiben zu üben. Werden Sie schöpferisch.

Mit den Methoden der großen Genies gewappnet, mit der Mind-Map®-Technik gerüstet und mit Ted Hughes als Vorbild, erfüllen Sie nun alle Voraussetzungen, die zur Erforschung der unendlichen Weiten Ihrer poetischen Kreativität erforderlich sind.

Kreativitätstraining

1. Spielen Sie das poetische Assoziationsspiel

Nehmen Sie sich die Zeit, so oft wie möglich unter Anwendung der auf den letzten Seiten beschriebenen Hughes-Methode ein Gedicht zu schreiben.

2. Lyrik und kreative Denkübungen

Lesen Sie noch einmal Tennysons Gedicht *Der Adler* auf Seite 134 und erkunden Sie die darin benutzten Techniken des kreativen Denkens. Stellen Sie fest, was Sie an diesem Gedicht am meisten anspricht, und versuchen Sie dies in Ihre eigenen Gedichte einzubringen.

3. Halten Sie poetische Augenblicke Ihres Lebens fest

Öffnen Sie Ihre Augen für die Poesie der Natur. Ein bunter Wirbelsturm von herbstlich gefärbten Blättern, eine plötzliche Veränderung im Gesichtsausdruck eines Mitmenschen, Landschafts- oder Wolkenformationen, Lichteffekte am Himmel oder die Verhaltensweisen von Tieren – all dies hat seinen eigenen Reiz. Nehmen Sie sich die Zeit, zu beobachten und poetische Beschreibungen dafür zu finden.

4. Entwickeln Sie poetische Rituale

Viele große Dichter (auch Ted Hughes) schrieben nur bei Kerzenlicht. Eine Kerzenflamme ist eine ausgezeichnete Meditationshilfe, denn sie zieht nicht nur Ihr Augenmerk auf sich, sondern bewegt sich in steter graziöser Veränderung. Sie können sich in ihrem Anblick »verlieren« und finden dabei wunderbare neue poetische Einsichten.

5. Beteiligen Sie sich an poetischen Aktivitäten

Suchen Sie Büchereien und Buchhandlungen auf, um Gedichtbände zu durchstöbern. Besorgen Sie sich jene, von denen Sie sich kreativ angesprochen fühlen. Besuchen Sie Lyrik-Vorträge oder eine Schreibwerkstatt. Vielleicht eröffnen Sie sogar selbst eine? Und schauen Sie sich mal im Internet um – Lyrik hat dort eine ökologische Nische gefunden, wächst und gedeiht. Dort können Sie ernten und auch säen.

Räumen Sie der Lyrik und poetischen Gedanken einen festen Platz in Ihrem Leben ein.

6. Führen Sie ein »Poesiealbum« als Tagebuch

Kaufen Sie sich ein hübsch eingebundenes Büchlein mit leeren Seiten, um Ihre poetischen, kreativen Ideen darin niederzulegen. Allein der Anblick des Bändchens wird Sie daran erinnern und Sie anspornen, die unterirdischen Quellen Ihres kreativen poetischen Potenzials anzuzapfen, die nur darauf warten, von Ihnen ans Licht der Welt gebracht zu werden.

7. Schreiben Sie Kurzgedichte

Am Anfang sollten Sie sich darauf beschränken, mit kurzen Versformen zu experimentieren. Hierzu eignet sich vorzüglich der Haiku, eine dreizeilige japanische Gedichtform mit 17 Silben. Das Wesen eines Haiku besteht darin, einen alltäglichen Gegenstand, einen Begriff oder ein Gefühl zum Thema zu nehmen und einfach einmal aus einer neuen und anders gearteten Perspektive zu betrachten.

Das Thema »Sommer« könnte beispielsweise zu folgendem Ergebnis führen:

Merkur: so sonnenheiß
Mars: nur Trockeneis
Erde: ein Paradies

Als ich einer Bekannten erklärte, was ein Haiku ist, dachte sie sofort an japanische Autos und verfasste in kürzester Zeit den Dreizeiler:

Gestern fuhr mein Mann
Mit dem neuen Toyota
In den Goldfischteich.

Exakt 17 Silben, und die von den Japanern hoch geschätzten Goldfische kommen darin auch noch vor. Eine gelungene und überzeugende Assoziation!

Experimentieren Sie mit Ihren Lieblingsthemen und lassen Sie sich auf das Spiel mit dieser wundervollen Gedichtform ein. Dichten Sie nicht nur im stillen Kämmerlein, denn Ihre Lyrik muss nicht unbedingt Weltliteratur sein. Sie sollen den Spaß an der Sache nicht verlieren und andere an Ihren Entdeckungen und dem Ausdruck Ihrer Freude teilhaben lassen.

Packen Sie die Gelegenheit beim Schopf, Verwandten und Freunden zum Geburtstag, Jahrestag oder anderen Anlässen Verse zukommen zu lassen, anstatt einfach nur eine Gratulationskarte zu kaufen. Allerdings können Sie sich von den Aufdrucken der Grußkarten inspirieren lassen. Sie können deren Texte nur verbessern!

8. Werden Sie sinnesfreudig

Wieder einmal kommt uns Leonardo da Vinci, der zusätzlich zu vielem anderen wunderbare Gedichte und lyrische Prosa verfasste, zu Hilfe. Abgesehen von seinem Verbundenheitsprinzip kannte er nämlich noch ein anderes – das der Vielseitigkeit. Da Vinci propagierte, dass ein kreativ denkender und schreibender Mensch seine sieben Sinne so geschult haben müsse, dass er sie alle gleichzeitig benutzen könne.

Viele angehende Dichter meinen, nur das Sehen oder Schauen wäre von Bedeutung. Aber Sie wissen jetzt, dass an der Entstehung eines Meisterwerks alle Sinne beteiligt sein müssen.

9. Nicht vergessen – Sie sind der geborene Dichter

Halten *Sie* sich stets vor Augen, dass Sie nicht nur ein bildender Künstler und Musiker sind, sondern auch der geborene Dichter. Seit dem Anbeginn Ihrer Tage nutzt Ihr Gehirn die Sprache der Poesie.

Entlassen Sie Ihr Hirn aus den Schranken,
Dies wird es Ihnen mit Gedichten danken.

9 Werden Sie wieder Kind

Man kann durchaus mit zunehmendem Alter immer jugendlicher werden. Hier erfahren Sie, warum es so wichtig für Sie ist, Ihr inneres Kind wieder zum Leben zu erwecken. Wir werden einen neuen dynamischen Ansatz des kreativen Denkens erkunden, und Ihre letzte Kreativitätsübung wird an einem ganz besonderen Ort stattfinden, nämlich auf einem Kinderspielplatz.

Das Kind

Wir haben schon gesehen, dass Einstein im Grunde ein großes Kind war. Er betrachtete die Wunder des Universums stets mit Neugier und stellte einfache, eindeutige und grundlegende Fragen, um das Wesen des Raums, der Zeit, des Universums und Gottes zu ergründen.

Isaac Newton, ebenfalls ein großes Genie unter den Naturforschern, wurde oft nachgesagt, er sei ein Musterbeispiel für den ernsthaften, streng logischen und rationalen Wissenschaftler. Er selbst aber sah sich in einem ganz anderen Licht. Er sagte, er sei nur wie ein kleiner Junge, der gern am Strand spazieren geht. Dann und wann entdeckt er zu seiner

Freude eine schöne neue Muschel oder einen vielfarbigen, glitzernden Stein. An dem Strand, auf dem der kleine Junge spielt, brechen sich die Wellen eines riesigen Ozeans.

Für Newton waren seine Erkenntnisse und Theorien einfach die Muscheln und Steine. Der riesige Ozean aber war das Meer der Wahrheit, das zu erkunden er gerade erst begonnen hatte.

Der Verlust der Kindheit

Vor kurzem wurde in Utah, USA, ein Experiment durchgeführt, das uns zu denken geben sollte. Darin wurde das kreative Potenzial von Menschen verschiedener Altersgruppen untersucht. Es wurden Kindergartenkinder, Grundschüler, ältere Schüler, Studenten und Erwachsene getestet. Die Resultate waren alarmierend.

Altersgruppe	genutzte Kreativität in Prozent
Kindergartenkinder	95 bis 98 %
Grundschüler	50 bis 70 %
ältere Schüler/Studenten	30 bis 50 %
Erwachsene	weniger als 20 %

Inzwischen sind Sie in Sachen kreative Intelligenz so bewandert, dass Sie wissen, warum dieser Test so ausfallen musste: Der Mensch wird, wie in diesem Buch beschrieben, in ein Gefängnis von Verhaltensregeln gesteckt, dessen Wände jeden Tag ein Stück weiter zusammenrücken, bis sich seine Kreativität überhaupt nicht mehr regen kann.

Spielerisch denken

Die herkömmliche Ausbildung läuft darauf hinaus, selbstständiges Denken zu unterdrücken. Bei modernen Erziehungsmethoden und Managementseminaren wird dagegen immer mehr Wert darauf gelegt, dass der Einzelne aus sich herausgeht.

Zu Weihnachten und an Geburtstagen hört man oft Beschwerden von Eltern, die sich über die Reaktionen ihrer kleinen Kinder auf die wunderbaren Geschenke ärgern. Im Wortlaut klingen sie etwa so:

»Für dieses fantastische neue Spielzeug mit allen Schikanen haben wir weit über hundert Mark ausgegeben, und unsere Kleinen spielen eine Viertelstunde damit und packen es dann weg. Stattdessen spielen sie dann lieber mit der Geschenkverpackung!«

Des Rätsels Lösung liegt auf der Hand: Die extrem kreativen Gehirne der Kinder haben das neue Spielzeug in null Komma nichts analysiert, probierten alles aus, stellten fest, wie wenig man eigentlich damit anstellen kann, und wandten sich etwas anderem zu. Und zwar etwas viel Interessanterem – dem Verpackungskarton.

Ein Pappkarton lässt Raum für die Fantasie. Für ein Kind könnte er zum Beispiel Folgendes darstellen:

- eine Zeitmaschine, mit der man Dinosaurier besuchen kann
- ein Raumfahrzeug, das einen ans Ende des Universums bringt
- eine Höhle
- ein Haus
- ein Auto
- ein Schiff
- ein Geheimversteck

Sie selbst können mittels Ihrer kindlichen und kreativen Vorstellungskraft mindestens zwanzig weitere Verwendungsmöglichkeiten hervorzaubern, die ein Kind für einen Karton haben könnte. Schreiben Sie die interessantesten davon auf.

Jetzt stellen wir die modernen Erziehungsmethoden einmal auf den Kopf: Wir gehen in uns hinein, wir begeben uns in den Karton. Dieser Kinderspielplatz unseres kreativen Vorstellungsvermögens ist nämlich unendlich groß – falls wir so werden wie die Kinder und wissen, wie man dort spielen kann.

Üblicherweise wird für kreatives Denken das »Aus-sich-Herausgehen« bevorzugt. Aus der Sicht eines Kindes aber befindet man sich ja, sobald man im Karton sitzt und seinen Gedanken freien Lauf lässt, ganz woanders, vielleicht sogar weit draußen im Weltraum. Im Sinne dieses Buches bedeutet dies, dass Sie nur gewinnen können, ob Sie sich nun innerhalb oder außerhalb des Kartons aufhalten.

Von nun an haben Sie bei der Entwicklung und Vervollkommnung Ihrer kreativen Intelligenz *zwei* Begleiter: Leonardo da Vinci und das Kind.

Wie versprochen, sind die folgenden Übungen ein Kinderspiel.

Kreativitätsspielplatz

1. Mit den Augen eines Kindes

Schauen Sie sich alle Dinge so an, als ob Sie sie noch nie gesehen hätten. Wenn Kinder etwas ansehen, entdecken sie immer etwas, das sie in ihre kreativen Spiele einbauen können.

2. Hören Sie sich Geschichten an

Lassen Sie sich Geschichten erzählen. Es gibt kaum jemanden, der dies nicht gern tut. Hören Sie so aufmerksam zu wie ein Kind: Öffnen Sie Ihre Augen und Ihren Geist. Dadurch wird Ihre Fantasie beflügelt und um vieles bereichert, mit dem Sie eigene Geschichten erfinden können.

3. Erfinden Sie Geschichten

Lassen Sie Ihrer kreativen Vorstellungskraft freien Lauf. Auf diese Weise können Sie wundervolle Märchen und Fantasiegeschichten ersinnen, so wie dies ein Kind tut.

4. Spielen Sie mit Ihrem Essen

Immer wieder ermahnen wir die Kinder, nicht mit ihrem Essen herumzuspielen. Aber warum spielen sie überhaupt damit herum? Weil das ein großer Spaß für alle Sinne ist. Wenn wir sagen, »Mit dem Essen spielt man nicht«, sagen wir eigentlich: »Genießt das Essen nicht!«

Kochen als Hobby wird überall auf der Welt immer beliebter. Zum Glück treten immer mehr Menschen in die Fußstapfen von Kindern, indem sie auch beim Essen kreativ werden. Machen Sie es ihnen nach.

5. Spielen Sie mit Kindern

Bringen Sie Kindern keine Spiele für Erwachsene bei, damit Sie mit ihnen spielen können. Lassen Sie die Kinder bestimmen, was gespielt werden soll. Dies ist nicht nur ein außergewöhnlich gutes Training für Ihre kreative Intelligenz, sondern auch für Ihre körperliche Fitness.

6. Lernen Sie Neues

Das Leben eines Kindes besteht aus einer Perlenkette neuer Experimente und Entdeckungen. Wer das Kind in sich entdeckt hat, lernt völlig natürlich und ungezwungen. Sein Leben ist von Kreativität durchdrungen und bietet jeden Tag neue und angenehme Überraschungen.

7. Gönnen Sie sich kleine Freuden

Es sind die kleinen Freuden, die das Leben eines Kindes wohl am meisten bereichern, sei es eine Eiswaffel mit den Lieblingssorten oder ein frisch gebackenes, knuspriges und noch warmes Brot. Belohnen Sie sich öfters mit solchen die Sinne ansprechenden Kleinigkeiten, wenn Sie ein »braves Kind« waren.

8. Benutzen Sie »Kinderwerkzeug«

Das »Werkzeug« der Kinder, mit dem sie den gigantischen Berg des Wissens erklimmen, besteht aus den Felshaken der »W-Fragen«. Kinder fragen stets »Wann?«, »Was?«, »Wer?«, »Wo?«, »Warum?«. Ihre im Wachstum begriffenen kleinen Gehirne wissen intuitiv, dass die Antworten auf diese Fragen die Verbindungen und Assoziationen liefern, mit denen sich die Landkarten des Wissens zeichnen lassen, die sie für ihr weiteres Leben so notwendig brauchen. Fragen Sie, wie Kinder fragen. Fragen Sie »Löcher in den Bauch«.

9. Fragen Sie immer mindestes fünfmal »Warum?« oder »Wie?«

Als kreative und bewusstseinserweiternde Übung sollten Sie sich angewöhnen, Antworten zu hinterfragen, und zwar mindestens fünfmal. Wenn Sie eine Antwort gefunden haben, stellen Sie die Frage noch einmal, unter Einbeziehung dieser Antwort. Das zwingt Ihre Vorstellungskraft und die Datenbanken Ihres Gedächtnisses dazu, »tiefer zu schürfen«. Wenn Sie diesen Vorgang fünfmal wiederholt haben, werden Sie feststellen, dass Sie bereits die Grenzen des derzeitigen

Wissens überschreiten und sich in ein Neuland begeben müssen: das der visionären Problemlösungen und des kreativen Denkens.

10. Im Grunde sind Sie ein Kind

Ganz egal, was andere Menschen Ihnen gegenüber behauptet oder was Sie sich selbst eingebildet haben – im Grunde Ihres Herzens waren und bleiben Sie immer ein Kind.

Wer ist der gelehrigste Schüler der Welt? Das Kind.

Wer stellt die meisten Fragen der Welt? Das Kind.

Wer ist das hartnäckigste Lebewesen der Welt? Das Kind.

Wer interessiert sich für alles? Das Kind.

Wer ist unermüdlich im Einsatz? Das Kind.

Wer erlebt die Welt mit wachen Sinnen? Das Kind.

Wer kann selbst kleinsten Dingen Erfreuliches abgewinnen? Das Kind.

Wer betrachtet die Welt aus immer neuen Perspektiven? Das Kind.

Wer kommt auf die verblüffendsten und originellsten Gedankenverbindungen? Das Kind.

Wer benutzt beide Gehirnhälften? Das Kind.

Wer ist das kreativste Geschöpf der Welt? Das Kind.

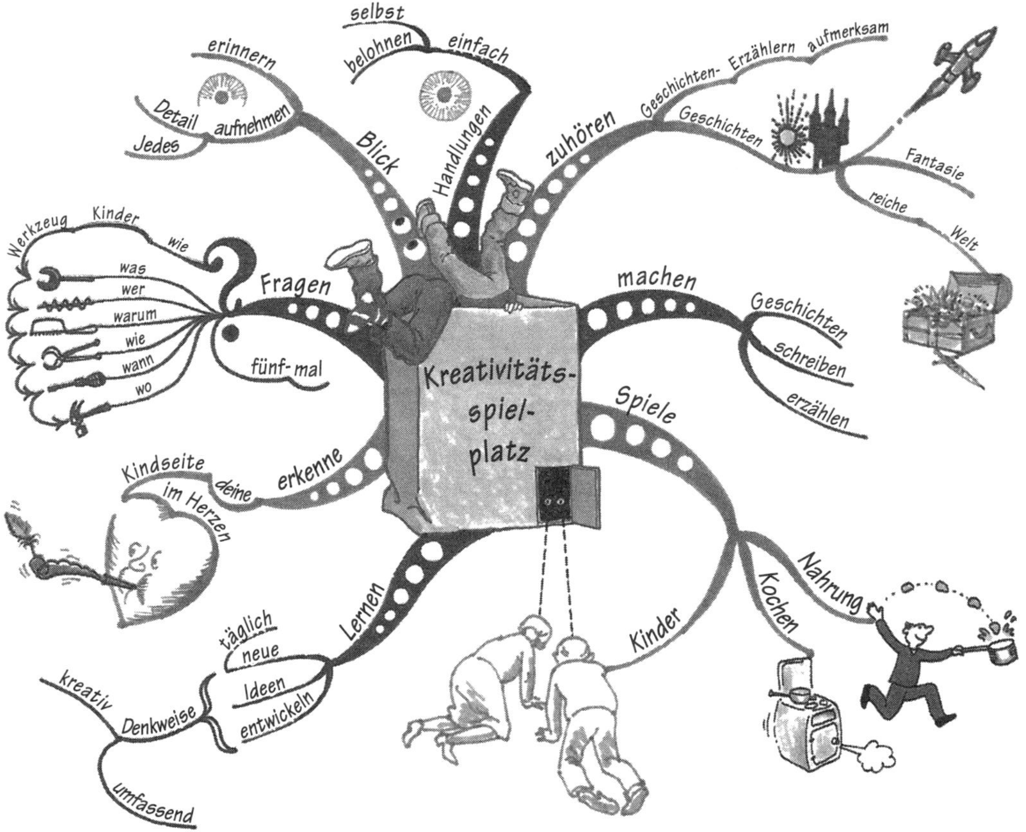

Kreativitäts-
spiel-
platz
Blick
Detail
aufnehmen
Jedes
erinnern
Handlungen
einfach
belohnen
selbst
zuhören
Geschichten-
Erzählern
aufmerksam
Geschichten
Fantasie
reiche
Welt
machen
Geschichten
schreiben
erzählen
Spiele
Kinder
Kochen
Nahrung
Lernen
neue
täglich
Ideen
entwickeln
Denkweise
kreativ
umfassend
erkenne
deine
Kindseite
im Herzen
Fragen
fünf-mal
Werkzeug
Kinder
wie
was
wer
warum
wie
wann
wo

Wenn Sie mehr über kreative Intelligenz wissen und an Spielen und Diskussionen über die hier behandelten Themen teilnehmen möchten, besuchen Sie bitte die Website

www.Mind-Map.com

Oder senden Sie eine E-Mail an

Buzan@Mind-Map.com

◀ Dieses lustige Mind-Map® blickt auf die Kreativität und das Leben mit den Augen des ultimativen kreativen Genies, des Kindes. Jeder Ast vertritt einen der kreativen Wesenszüge des Kindes.

Danksagung

Wieder einmal muss ich meinem Head-First-Team, meinen Verlegern Carole Tonkinson und Charlotte Ridings, meinem Illustrator Alan Burton, Paul Redhead, Toby Watson, Tim Burn, Yvette Cowles, Jo Lal, Megan Slyfield, Jacqui Caulton, Aislinn McCormick, und der neu hinzu gekommenen Ariel Kahn dafür danken, dass sie mich an die Spitze der Bestseller-Listen gebracht haben.

Reproduktion auf Seite 54 aus Charles Darwins Notizbuch, zur Verfügung gestellt von der Pressestelle der Cambridge University Library.

Aktzeichnung von Michelangelo auf Seite 70, zur Verfügung gestellt von der Witt Library, Courtauld Institute of Art/Moravcke Galerie, Brno.

Bibliografie

Buzan, Tony/Buzan, Barry, *Das Mind-Map®-Buch,* Landsberg a. L. 1997[2].

Buzan, Tony, *Kopftraining. Anleitung zum kreativen Denken. Tests und Übungen,* München 1998.

Buzan, Tony, *Nichts vergessen! Kopftraining für ein Supergedächtnis,* München 2000.

Buzan, Tony, *Power Brain. Das Tony-Buzan-Training. Besser denken, mehr behalten, Neues leichter aufnehmen,* Landsberg a. L. 1999[2].

Buzan, Tony, *Speed Reading. Schneller lesen – mehr verstehen – besser behalten,* Landsberg a. L. 2000[7].

Buzan, Tony/Dottino, Tony/Israel, Richard, *Gehirngerecht führen. Die eigenen Potentiale und die der Mitarbeiter entdecken und ausschöpfen,* Landsberg a. L. 2000.

Buzan, Tony/Israel, Richard, *Brain Selling. Kopftraining für Verkäufer,* Landsberg a. L. 1996.

Buzan, Tony/Israel, Richard, *Der Weg zum Verkaufsgenie. Ungenutzte Potenziale entdecken, verborgene Talente ausschöpfen, ungeahnte Erfolge erzielen,* Landsberg a. L. 2000.

Buzan, Tony/Keene, Raymond, *(K)eine Frage des Alters. Das geistige Potential und die Leistungsfähigkeit erhalten und stärken,* Landsberg a. L. 1999.

Buzan, Tony/Keene, Raymond, *Die Genie-Formel. Das Tony-Buzan-Programm zur Entfesselung Ihres geistigen Potenzials,* Landsberg a. L. 1999.

Buzan, Tony/North, Vanda, *Business Mind Mapping®. Visuell organisieren – übersichtlich strukturieren – Arbeitstechniken optimieren,* München 1999.

Buzan, Tony/North, Vanda, *Mind Mapping® – Der Schlüssel für deinen Lernerfolg,* Wien 1997.

Buzan, Tony/North, Vanda, *Mind Mapping® – Der Weg zu Ihrem persönlichen Erfolg,* Wien 1997.

Buzan, Tony/Stanek, Wolfram, *Memory Power. Die Gebrauchsanweisung für Ihr Gehirn,* Augsburg 1998.

Capek, Peter, *Mind Mapping®. Besser strukturieren – schneller protokollieren – deutlicher visualisieren,* München 2000.

Feynman, Richard P., *Sie belieben wohl zu scherzen, Mr. Feynman! Abenteuer eines neugierigen Physikers,* München 1998.

Gelb, Michael, *Sich selbst präsentieren,* Offenbach 1997.

Gelb, Michael/Buzan, Tony, *Die Kunst des Jonglierens,* München 1998.

Grof, Stanislav/Lazlo, Ervin/Russel, Peter, *Die Bewusstseins-Revolution,* München 1999.

Michalko, Michael, *Erfolgsgeheimnis Kreativität. Was wir von Michelangelo, Einstein und Co. lernen können,* Landsberg a. L. 2001.

Register